Nuestra obra tenia en su contra el .... dividiéndose con esto el interés que p............... en el ánimo del espectador. Á mas de esto, y entre otros varios defectos que nuestro orgullo de segundos padres no nos permitió observar, notamos que habia sobra de languidez en algunas escenas y sobra de personajes en todo el drama.

Ahora que la empresa del Teatro Principal nos ha pedido este drama, hemos tratado de darle otro giro, escribiéndole original, puede decirse, y convirtiendo en solo un prólogo los cuatro actos de la primera parte escrita en la época citada.

Esta variacion, lo creemos así, será mas provechosa para las empresas y mas cómoda para el público.

De la novela de Dumas casi puede decirse que no ha quedado mas que el nombre. La hemos ido descarnando con nuestro escalpelo hasta reducirla al estado de esqueleto, y con una audacia que, á nosotros mismos nos asombra, hemos vestido despues este esqueleto con el traje que mas brillante y lujoso nos ha parecido.

Nuestras imájenes serán débiles indudablemente al lado de las del Napoleon de la literatura, y la obra de Dumas habrá perdido mucho al pasar por nuestro crisol; pero téngase entendido que no era fácil empresa encerrar las colosales dimensiones de su obra en el pequeño recipiente de un drama, y que solo haciendo una obra dramática original era como podia salir mas airoso el autor de la novela.

Barcelona 1.° Julio de 1849.

V. B.—F. L. de R.

PRÓLOGO.

El teatro representa un patio en la posada de los Catalanes en Marsella. — Puerta al fondo. — Puerta á la izquierda del espectador. — Al alzarse el telon óyense brindis y gritos.

ESCENA PRIMERA.

DANGLARS — *sale por la puerta de la izquierda,*

VOCES. (*en la izquierda.*) A la salud de los novios.

OTRAS. A su salud — á su salud!

DANGLARS. (*Saliendo.*) Esto es insufrible — no puedo ver con tranquilidad la ventura de ese hombre — Oh! la fortuna ha fijado su rueda, y no hay felicidades en el mundo que no derrame sobre él con mano pródiga. Nacido en la miseria se ha ido elevando por grados, posee la entera confianza del señor Morel, se casa con la muger que ama, y recibe por regalo de boda el nombramiento de capitan del Faraon. — Eso aumenta mi envidia. Envidia! Sí! y porqué no? La envidia es á veces una virtud y la mia... la mia es emulacion. — Oh! no, lo conozco á mi pesar! — Entre las bellas cualidades de Edmundo, se halla la del valor — y yo he sido afrentado por él delante de la tripulacion y no he tenido alientos para contestarle! — Pero lo que me falta de valor, me sobra de resolucion para vengarme — Si habrá Fernando el catalan conseguido su intento? — Si habrá entregado la denuncia al procurador del Rey? — Oh pero aquí está.

ESCENA II.

DANGLARS, FERNANDO *por el fondo.*

DANGLARS. Gracias á Dios! has visto al procurador del Rey.

FERNANDO. No; estaba ausente.

DANGLARS. De modo que nuestro designio...

FERNANDO. Nuestro designio se cumplirá — pero si he de decirte la verdad, Danglars, mi mano temblaba al entregar la denuncia anonima que va á perder á Edmundo.

DANGLARS. Estás arrepentido? hiciste mal en entregarla — debieras haber dejado á Dantés que te robara impunemente la mano y el corazon de tu prima.

Fernando. Si, tienes razon — Cuando pienso que ese hombre me ha arrebatado para siempre toda mi felicidad; cuando pienso que despues de haber vivido diez años con la segura esperanza de ser esposo de Mercedes, tengo que renunciar á ella, mi cabeza se estravia y sería capaz...

Dang. De qué?

Fern. De asesinarle!

Dang. Asesinarle eso no! — pero la ausencia separa tanto como la muerte, y si conseguimos poner entre Edmundo y Mercedes los muros de una prision, estarán tan separados como si hubiera entre los dos la piedra de la tumba...

Fern. Y crees tu que esa denuncia...

Dang. Estoy seguro! — la carta que encontrarán bastará, y sino yo tengo armas para perderle.

Fern. Tú?

Dang. Si, cuando murió el capitan Leclere y mientras Edmundo desembarcó en la isla de Elba, yo entré en la camara del difunto capitan sospechando que guardaria papeles de algun interes. En efecto: entre otros varios encontré esta lista y con ella solo puedo hacer que mi fortuna cambie — Mira, se trata de derribar á los Borbones y poner otra vez en el trono al emperador. *(Se la guarda.)*

Fern. Bien; de eso habla nuestra denuncia.

Dang. En esta lista hay nombres que pagarán á precio de oro su silencio, con que...

Fern. Es cierto pero eso es una infamia.

Dang. Todos los medios son buenos, si se consigue el fin, y en este tiempo que alcanzamos, Fernando, esta máxima es tan útil y provechosa, que ella sola puede cambiar la situacion de cualquier hombre..... Pero cuéntame todo lo que ha pasado...

Fern. Nada de particular; fuí á casa del procurador del rey, me dijeron que estaba ausente y me encaminaron á la del señor de Villefort.

Dang. Villefort, oh! tal vez hayamos tenido suerte en que el procurador del rey no estuviera en Marsella.

Fern. Porqué dices eso?

Dang. Tengo mis razones, prosigue...

Fern. Me presenté á él y le enseñé la denuncia. — Al principio se turbó un poco, pero despues se recobró... y me dijo que habia hecho un gran servicio á la causa legitimista, que escribiria á la corte para que fuera recompensado tan señalado favor.

Dang. Veo que eres hombre de valor — Si Edmundo llega á saber que has sido tu el que...

Fern. Nada temo: era el unico medio de estorbar el casamiento de Mercedes, y no dudé un instante — Además, el señor de Villefort prometió no descubrir quien era el denunciador.

Dang. No lo sabrá Edmundo — yo te lo prometo. — Y dió órden de que se le prendiera?

Fern. El mismo en persona va á venir á buscarle!

Dang. El mismo! el asunto se complica y voy observando con placer que la suerte nos favorece. Tú no sabes, Fernando, cuanto me alegro de que venga el mismo Villefort á prenderle.

Fern. Pero...

Dang. Casi casi estoy por asegurarte que llegarás á casarte con Mercedes.

Fern. Estás loco?

Dang. No, sino muy cuerdo. — Hasta mañana no es la ceremonia, porque esta comida bien sabes, Fernando, que es por antojo del señor Morel y para mañana ya habrá algun inconveniente.

Fern. Su prision!

Dang. Te parece poco!

Fern. Ah Danglars, yo no estoy acostumbrado al crímen.

Dang. Y tienes remordimientos? — Pobre Fernando! — Eso es como todas las cosas, hasta acostumbrarse.. Pero mira, ahora vamonos adentro no sea que sospechen de nosotros.

Fer. No sé si podré contenerme.

Dang. Eh! no parece que eres hombre — Calma y resignacion que todo se arreglará.

ESCENA III.

BERTUCCIO. *solo.*

Ah! al fin encontré esta posada — Estoy rendido — Ese maldito bergantin nos ha dado una caza de mil diablos, y á no ser por tu vigor, no se que hubiera sido de tí, pobre Bertuccio. — Pero al fin estoy en Francia, en Marsella. — Oh! Marsella! ese nombre me hiela y al mismo tiempo inflama mi pecho con el ardor de la venganza. — Pobre hermano mio! pobre hermano mio! — Oh! yo te lo juro, mi mano se ha de bañar en la sangre de tú vil asesino, aunque yo tambien tenga que perecer como tu en el cadalso.—Pero—desechemos esas tristes ideas.—Mozo, mozo! (*Vase.*)

ESCENA IV.

EDMUNDO. MERCEDES.

Ed. Ven aquí, Mercedes.—Gracias á Dios que hemos podido librarnos de tantos importunos! Oh que feliz soy, amada mia! Por fin se van á ver cumplidos nuestros deseos, por fin vas á ser mi mujer!

Mer. Edmundo, bendigo al cielo que nos ha concedido tanta felicidad! Oh! tu no sabes, Edmundo, lo que he sufrido, creo que nunca ha habido tantas tempestades como de tres meses á esta parte: cuantas veces he pedido á Dios por tí cuando la mar rugia y venia á estrellarse contra las rocas — Te has acordado mucho de mí?

Ed. Si me he acordado de tí? y en que quieres que haya pensado, no eres tú mi Vírgen de las tempestades, no eres tú mi señora del amparo? sí, noche y dia, tarde, y mañana, á cada minuto, á cada instante. Pero ves lo bueno que es el señor Morel para nosotros? Hoy he llegado, y quiere que mañana se efectue nuestro matrimonio.

Mer. Oh! yo le bendigo desde el fondo de mi alma.—Pero aquí viene.

ESCENA V.

DICHOS, MOREL.

Mor. Ola! ola! los novios han desamparado el puesto.—Muchachos, no darse tanta prisa que para todo hay tiempo.

Ed. Señor Morel — vos sois nuestro bienhechor.

Mer. Nuestro padre!

Mor. Vaya! vaya! no hay que avergonzarme por esa bagatela. Vos, Edmundo, sois un escelente jóven. Mercedes es una muchacha bellísima; á vosotros mismos, no á mí debeis vuestra ventura. — Puesto que he conseguido la firma de mi asociado y que ya sois capitan del Faraon, veremos de que tengais un interés mas directo en nuestras especulaciones comerciales.

Ed. Y os ocupais de mí hasta ese punto!

Mor. Y de que te has ocupado tú, hijo mio, hace cuatro meses, hace un año, hace diez años que navegas por mi cuenta! — Puesto que tú me haces rico, deber mio es hacerte feliz.

Ed. Mercedes yo me vuelvo loco.

Mor. Nada; eso seria mas tristeza. Pero que es esto?

(*Aparecen al fondo gendarmes y Villefort.*)

Mer. Dios mio!

Ed. Gendarmes!

Mer. Edmundo tengo miedo.

Ed. De qué?

Mer. No sé!... pero tengo miedo.

ESCENA VI.

DICHOS, VILLEFORT, GENDARMES.

Vill. Guardad las puertas, señores.

Mor. Qué es esto? me parece que venis equivocado.

Vill. Si vengo equivocado, señor Morel, podeis estar seguro que al instante será desechada la equivocacion, pero tengo que cumplir con mi deber á pesar mio — (*Dirigiéndose á Edmundo.*) No os llamais Edmundo Daptés?

Ed. Si señor.

Vill. Edmundo Dantés, en nombre de la ley daos á prision.

Ed. De qué se me acusa?

Vill. No tardareis en saberlo

Mer. Edmundo! Edmundo!

Ed. No temas nada, Mercedes, soy inocente (*A los gritos de Mercedes salen de la izquierda todos los convidados.*)

ESCENA VII.

DICHOS, DANGLARS, FERNANDO, CONVIDADOS, BERTUCCIO *en el corredor.*

Dang. (*á Fernando.*) Se cumplió nuestro intento.

Fer. (*Ap.*) Oh! no se casará con ella.

Mor. Esta es una estraña equivocacion, señor de Villefort.

Bert. (*En el corredor.*) Villefort! oh! Dios vengador! tú has guiado mis pasos! (*Desaparece.*)

Mor. Arrestar al segundo de uno de mis buques!

Vill. Y no es eso todo, sino que el asunto es grave.

Mer. Ah Dios mio!

Mor. Bien se ve que no conoceis al acusado — Es el hombre mas bueno, mas probo — ah! no vacilo en decir que es uno de los mejores oficiales de la marina mercante

Vill. No ignoráis que un hombre puede ser bueno en su vida privada, probo en las relaciones sociales, entendido en su oficio y no por eso deja de ser, políticamente hablando, un gran culpable.

Mor. Yo os ruego señor de Villefort que seais justo como debeis serlo, como siempre lo habeis sido;—no arrebateis al pobre Edmundo á su prometida.

Vill. (*A Mercedes.*) Sois vos?

Mer. Si señor, yo le amo y tambien os suplico...

Vill. No necesitais suplicarme, señorita;—si es inocente su inocencia le salvará, pero si es culpable...

Mer. No, no lo es, yo respondo de él, yo os juro...

Vill. Sin embargo las apariencias...

Mer. Bien sabeis que las apariencias no son pruebas, y aun cuando estén contra él, no tendreis compasion de un jóven que ahora entra en el mundo, que siempre ha sido virtuoso y honrado, que hoy mismo verá cumplidos todos sus deseos y que una inesperada acusacion viene á herir en medio de su felicidad?

Vill. Bien debeis comprender que no se deben tener en cuenta esas consideraciones.

Mer. Una palabra vuestra va á hacernos felices ó desgraciados por toda una eternidad.

Vill. Tranquilizaos, señorita,!—si yo puedo haceros dichosa, contad conmigo.

Mer. Ah señor...

Vill. Dentro de un cuarto de hora podreis saber con exactitud el estado del asunto.—Por ahora retiraos á esa estancia, y dejadme solo con el acusado.

Ed. Tranquilízate, Mercedes.

Mer. Ay Edmundo, Edmundo, somos muy desgraciados!

(*Vanse todos.*)

ESCENA VIII.

VILLEFORT, EDMUNDO.

Vill. (*A los gendarmes.*) Dejadnos solos. Cuál es vuestro nombre?

Ed. Edmundo Dantés.

Vill. Y vuestra ocupacion?

Ed. Soy segundo á bordo del Faraon, buque de la propiedad del señor Morel.

Vill. Qué estabais haciendo ahora?

Ed. Asistia al desayuno de mis desposorios.

Vill. Continuad.

Ed. Que continue?

Vill. Sí.

Ed. Y en qué?

Vill. Suministrando mas luces á la justicia.

Ed. Para eso es preciso que la justicia me diga acerca de qué asunto debo ilustrarla, entonces la diré todo lo que sepa; unicamente la advierto que no sé mucho.

Vill. Habeis servido en tiempo del usurpador?

Ed. No señor: unicamente cuando cayó, iba á ser incorporado á la marina militar.

Vill. Creo que vuestras opiniones políticas son muy exageradas.

Ed. Mis opiniones políticas! rubor me causa el decirlo; pero nunca he tenido lo que se llama una opinion: yo no he de hacer papel ninguno en el mundo, y lo poco que soy se lo debo al señor Morel, de modo que todas mis opiniones, no diré políticas, sino privadas se limitan á tres sentimientos: amo á mi padre, respecto al señor Morel y adoro á Mercedes. Esto es todo lo que puedo decir á la justicia y ya veis que no la interesa mucho.

Vill. No teneis ningun enemigo?

Ed. Yo enemigos! tengo la suerte de ser muy poca cosa paraque mi posicion me los dé;—por lo que toca á mi carácter que es un poco vivo, siempre he procurado dulcificarle con mis subordinados,—tengo diez ó doce marineros á mis órdenes: preguntadlos y os dirán que me aman y respetan no como á un padre, soy muy jóven para eso, sino como á un hermano mayor.

Vill. Pero á falta de enemigos, quizá teneis personas que envidian vuestra posicion: Habeis sido nombrado capitan, y sois muy jóven, ese es un puesto muy elevado en vuestro estado: además os vais á casar con una jóven hermosa que os ama: esto es una ventura que dificilmente se consigue en el mundo, estas dos preferencias del destino pueden haberos grangeado envidiosos.

Ed. Teneis razon: vos debeis conocer á los hombres mejor que yo, y nada tendrá de estraño que sea lo que vos decis; pero si esas personas están entre mis amigos, os confieso que mas quiero no saber quienes son para no verme obligado á aborrecerlas.

Vill. Haceis mal. El hombre debe procurar sobre todo ver claro á su alrededor, y en verdad me pareceis un marino tan franco, tan sencillo que voy á apartarme de las reglas ordinarias de justicia y á ayudaros á descubrir la verdad. Leed.

Ed. (*Leyendo.*) «Señor Procurador del Rey. Un amigo del del trono y de la religion, os previene que Edmundo Dantés, segundo del Faraon, buque que ha llegado esta mañana de Smirna, despues de haber tocado en Nápoles y Porto-Ferrajo, tuvo encargo de Murat de llevar un mensaje al usurpador, y que el usurpador le dió una carta para el comité bonapartista de Paris. Podrá probarse su delito prendiéndolo porque se le encontrará la carta en sus bolsillos, en casa de su padre, ó en su cámara á bordo del Faraon.»

Vill. Conoceis la letra?

Ed. No señor.

Vill. Bien, responded con franqueza. Qué hay de verdadero en esta acusacion anonima?

Ed. Al salir de Nápoles, el capitan Leclero cayó enfermo de una congestion cerebral: como no teníamos médico á bordo y el no queria tocar en tierra por llegar cuanto antes á la isla de Elba, empeoró de tal modo que al cabo de tres dias, conociendo que iba á morir, me llamó y me dijo:—Mi querido Dantés, dadme palabra de hacer lo que os voy á decir, de su cumplimiento dependen los mas altos destinos.—Os la doy mi capitan, le respondí.—Pues bien, prosiguió; como segundo, despues de mi muerte os pertenece el mando del navío, tomadle, dirigíos á la isla de Elba, haced escala en Porto-Ferrajo, preguntad allí por el gran mariscal y dadle esta carta: tal vez entonces os darán otra con algun encargo:—ese encargo, Dantés, que estaba reservado para mí, lo cumplireis vos, y todo el honor será vuestro.—Así lo haré, capitan, le respondí; pero no podré ver al gran mariscal con tanta facilidad como creeis.—Tomad esta sortija y ella allanará todos los obstáculos que encontreis, me dijo;—y á tiempo en verdad porque dos horas despues le acometió el delirio y al dia siguiente murió.

Vill. Y vos que hicisteis.

Ed. Mi deber: lo que cualquiera hubiera hecho en mi lugar. En todas ocasiones los ruegos de un superior son sagrados; pero para los marinos, los ruegos de un superior son órdenes que es fuerza cumplir. Hize rumbo á la isla de Elba, á donde llegué al dia siguiente. Consigné á todos á bordo y solamente yo salté en tierra: como lo habia imaginado tuve algunos inconvenientes para ver al gran mariscal, pero le envié la sortija que debia darme á reconocer, y todas las puertas se abrieron á mi presencia. Me recibió, me hizo algunas preguntas relativas á la muerte del desgraciado Leclero y como este me anunció, recibí una carta para Paris con encargo de entregarla en propia mano. Yo se lo prometí porque así cumplia la última voluntad de mi capitan. De vuelta á Marsella, arreglé rapidamente todos los asuntos de abordo, despues corrí á ver á mi prometida á quien encontré mas bella y mas enamorada que nunca. En fin, como ya os he dicho, asistia al desayuno de mis desposorios, cuando vinisteis á prenderme á consecuencia de esa denuncia que ahora despreciais sin duda tanto como yo. Esta es la verdad por mi honor de marino, por mi amor á Mercedes, y por la vida de mi padre.

Vill. Sí, sí, todo eso parece cierto si sois culpable, es de imprudencia, y aun esa imprudencia está legitimada por las órdenes de vuestro capitan. Entregadme la carta que recibisteis en la isla de Elba, dadme palabra de pseseentaros al primer requerimiento, y marchad á buscar á vuestros amigos.

Ed. Con qué es decir que estoy libre?

Vill. Si, pero dadme la carta.

Ed. (*dándosela.*) Tomad ah! que reconocido os estoy!

Vill. Que veo! Esta carta está dirigida...

Ed. Al señor Noirtier calle de Coq-Heron.

Vill. Al señor Noirtier! (*ap.*) Cielos! mi padre!... estoy perdido!

Ed. Le conoceis por ventura?

Vill. (*despues de haber leido la carta.*) Un fiel servidor del rey no conoce á los conspiradores.

Ed. Pues qué! se trata de una conspiracion?.. En todo caso yo no conspiro. Ignoraba el contenido de esa carta.

Vill. Si, pero sabisis el nombre de la persona á quien iba dirigida.

Db. Está en el sobre.

Vill. Y no habeis enseñado esta carta á nadie?

Ed. Á nadie señor, os lo juro.

Vill. Con que nadie sabia que erais portador de una carta de la isla de Elba, dirigida al señor Noirtier?

Ed. Unicamente quien me la dió y el que debia recibirla.

Vill. Habeis visto á Noirtier?

ED. No. — Despues de mi boda iba á ponerme en camino para Paris. — Oh Dios mio! qué teneis? os poneis malo? Quereis que llame?

VILL. No: no os movais de ese sitio, no hableis una palabra. — Yo soy el que da órdenes aquí, no vos.

ED. Señor!

VILL. Escuchad: aunque de este interrogatorio resultan contra vos los mayores cargos, y no debia poneros en libertad, no obstante el principal cargo que existe contra vos es esta carta, y ya lo veis — la rasgo.

(*Rasga la carta.*)

ED. Oh señor! vos sois mas que la justicia, sois la bondad.

VILL. Me parece que podeis tener confianza en mí.

ED. Decidme lo que tengo de hacer; á todo me conformo.

VILL. Estais en libertad: pero juradme que no volvereis á acordaros de esa carta.

ED. Os lo juro.

VILL. Era la única que teniais en vuestro poder?

ED. La única.

VILL. Bien; estais libre.

ED. Oh señor!

VILL. Basta: podeis ir á reuniros con vuestros amigos.

(*Váse Edmundo.*)

ESCENA IX.

VILLEFORT *solo*.

Dios mio! Dios mio! de lo que pende la vida, y la fortuna! Si el procurador del Rey hubiera estado en Marsella, si esa denuncia no hubiera llegado á mis manos, estaba perdido y la conspiracion descubierta! Mas vale echar tierra sobre este asunto. — Ya no hay pruebas. — Puedo estar seguro. — Napoleon desembarca dentro de tres dias. Tal vez lo que iba á perderme, hará mi felicidad.

(*Se dirije al fondo.*)

ESCENA X.

VILLEFORT, DANGLARS.

DANG. Dos palabras, señor de Villefort.

VILL. Qué quereis? — Quién sois?

DANG. Un hombre á quien no conoceis y que os puede servir mucho, ó perjudicar mucho tambien.

VILL. Qué quereis decir?

DANG. En primer lugar habeis de saber que yo soy conspirador como vos.

VILL. Miserable!

DANG. Poco á poco: al fin y al cabo vamos á quedar amigos, con que no hay porque incomodarse tanto. — Para convenceros de que sé á punto fijo que conspirais, oid: Vos habeis recibido una denuncia que acusa á Edmundo Dantés...

VILL. Es cierto.

DANG. Vos habeis pedido á ese Dantés una carta que debia llevar á Paris. — Él os la ha entregado y como esa carta os compromete, sin duda habeis querido que el asunto no pase adelante y la prueba de vuestro crímen ha desaparecido. — Oh! sois muy hábil, señor de Villefort.

VILL. Y con qué derecho os atraveis á sospechar.

DANG. Si no sospecho; si estoy seguro. Vos no habeis querido que esa carta llegue á manos del señor Noirtier vuestro padre, porque vos solo bastais para manejar la broma, y tal vez otra denuncia detendria á Edmundo desde aquí á Paris cosa que á la verdad no os conviene.

VILL. Estais loco — Dejadme en paz. Idos.

DANG. Ola! ola! si no fuera cierto lo que digo señor de Villefort — en lugar de despedirme me hariais prender — Pero como la carta no es la única prueba...

VILL. No es la única!

DANG. Parece que poneis mas atencion eh? No señor, el capitan Leclerc era un buen muerto que no vió que me apoderé de sus papeles entre los cuales estaba esta lista de los conspiradores.

VILL. Cielos!

DANG. No me negareis ahora que vos sois conspirador.

VILL. Bien, pero cual es vuestro intento.

DANG. Mi intento es deciros que os puedo perder.

VILL. Ya lo sé, pero...

DANG. Pero... vos podeis hacer de modo que redunde en provecho de ambos esta circunstancia.

VILL. De que modo, hablad.

DANG. En primer lugar habeis dado libertad á Edmundo.

VILL. Es cierto.
DANG. Mal hecho.
VILL. Porqué?
DANG. Porque á mí no me conviene que ese hombre esté libre; vais á dar órden de que le prendan.
VILL. Os atreveis á imponerme órdenes?
DANG. Si lo tomais de ese modo. — este pliego llegará á manos de S. M. Cristianísima el rey Luis XVIII.
VILL. Se le prenderá.
DANG. Vais á mandar que le encierran.
VILL. En lugar seguro.
DANG. Donde?
VILL. En los calabozos del castillo de If.
DANG. Corriente.
VILL. Es eso todo?
DANG. No: vos sois rico, es preciso que yo lo sea tambien — Para eso no quiero mas sino que mi nombre vaya unido al vuestro en vuestras operaciones mercantiles.
VILL. Os lo prometo.
DANG. Y Edmundo Dantés?
VILL. Edmundo Dantés será encerrado hoy mismo.
DANG. Oh! ya sabia yo que habíamos de quedar amigos, señor de Villefort; reconocedme como á vuestro mas humilde servidor. (*Vase.*)

ESCENA XI.

VILLEFORT. *solo.*

No hay remedio! Perezca el inocente; este es el único modo de salvarme. Ola! (*Aparecen los gendarmes.*)

ESCENA XII.

DICHOS, EDMUNDO, MERCEDES, MOREL, CONVIDADOS.

ED. Ven, Mercedes. ven á dar gracias á nuestro bienhechor.
MER. (*Arrodillándose.*) Permitid señor.
VILL. (*A los gendarmes.*) Apoderaos de ese hombre, conducidle al castillo de If y encerradle en el mas oscuro calabozo.
MOR. Más ved...
VILL. Nada tengo que ver — La ley es terminante, y con dolor me veo precisado á cumplirla.
ED. Señor de Villefort! sois un infame!
VILL. Silencio: ó mando que os pongan una mordaza. (*Se le llevan.*)
MER. Edmundo! Edmundo! yo no te abandono. (*Vase tras él.*)

MOR. Oh, Dios mio! Dios mio!
(*Vase con los convidados.*)

ESCENA XIII.

VILLEFORT, *despues* BERTUCCIO.

VILL. Veamos ahora lo que quiere ese hombre.
BERT (*deteniéndole*). Dispensadme, señor de Villefort.
VILL. Quién eres?
BERT. Soy Cayetano Bertuccio, hermano de Luis Bertuccio, á quien has condenado á muerte.
VILL. A quien he condenado á muerte.
BERT. Sí, tú lo has olvidado, pero yo me acuerdo.
VILL. Y bien, que quieres?
BERT. Quiero decirte que has asesinado á mi hermano.
VILL. Yo no le he asesinado; la ley le ha castigado.
BERT. No importa.
VILL. Tu hermano era culpable.
BERT. Mi hermano no era culpable. La vendetta habia sido lealmente declarada, á su enemigo tocaba precaverse del peligro.
VILL. Sois loco?
BERT. No: soy corso.
VILL. En fin, qué intentais?
BERT. Recordais que durante la causa fué á buscaros mi primo Israel Bertuccio?
VILL. Sí.
BERT. Recordais que os dijo que Luis tenia un hermano?
VILL. Sí.
BERT. Yo soy ese hermano: estoy de vuelta despues de dos años de ausencia. — He reclamado mi derecho de venganza, y vengo á decirte: Gerardo de Villefort, tú has condenado á mi hermano Luis Bertuccio á la pena de muerte... La vendetta se ha declarado entre nosotros... Guárdate!
VILL. Miserable!
BERT. En cualquier parte que te encuentres, Gerardo de Villefort, sea de dia, de noche, de cerca, de lejos, pronto, tarde, donde te encuentre, te heriré. Guárdate, porque despues de haber salido de este aposento, ahora que estás prevenido, ahora que ya te he declarado la vendetta, me perteneces.
VILL. Ola! venid, venid.
BERT. Es inútil; no me alcanzarán. No olvides mis palabras.
VILL. Oh! Dios mio!

FIN DEL PRÓLOGO.

ACTO PRIMERO.

Salon ricamente amueblado en casa del conde de Monte-Cristo.

ESCENA PRIMERA.

ALBERTO DE MORCEF, MAXIMILIANO MOREL.

MORCEF. (*entrando acompañado de Morel y hablando desde la puerta con un criado que figura estar entre bastidores.*)
Nó, no incomodarle! Decidle nada mas, que esperaremos á que nos conceda audiencia.

MAX. Pero vamos á ver, Morcef, se puede saber á donde me habeis traido?

MORCEF. Os lo diré, mi querido Morel. Pero vamos por partes. Qué me déciais hace poco?

MAX. Que estaba factidiado.

MORCEF. Á causa de qué?

MAX. De unos malditos amores.

MORCEF. Cabalmente. Y yo os he contestado: amigo mio, nunca es el hombre mas salvaje que cuando está enamorado. Queda á mi cargo el distraeros.

MAX. Pero como pensais distraerme?

MORCEF. Haciéndoos contraer un conocimiento nuevo.

MAX. De hombre ó de mujer?

MORCEF. De hombre.

MAX. Conozco ya demasiados.

MORCEF. Pero no conoceis al hombre de que os hablo.

MAX. De donde viene? Del cabo del mundo?

MORCEF. De mas lejos tal vez.

MAX. Diantre! Y como se llama?

MORCEF. Tiene muchos nombres, pero en fin aquel con que le conoce la sociedad es el de conde de Monte-Cristo. La condesa de Rastiñac que le habló en Italia, pretende que sea un vampiro, un héroe de lord Byron y le llama lord Ruthwen.

MAX. Tan misterioso es el hombre?

MORCEF. Es un misterio viviente. La condesa de Rastiñac que parece estar enterada á fondo de algunas escenas de su vida, me contó acerca de él estrañas y lúgubres historias. Parece que cuando muy jóven fué encerrado en una cárcel donde permaneció un sin número de años. Un milagro le abrió las puertas de su calabozo; una casualidad le hizo encontrar una mina de oro, y una venganza le alimenta.

MAX. Una venganza!

MORCEF. Sí, que se yo! Parece que cruza la vida en pos de una venganza.

MAX. Y contra quien dirije esa venganza?

MORCEF. Tocamos ya en los límites de lo desconocido...

UN CRIADO. (*anunciando.*) El señor Beauchamp!

ESCENA II.

DICHOS, BEAUCHAMP.

MORCEF. Entrad, entrad pluma terrible.

BEAUCHAMP. Señores...

MORCEF. (*Presentando á Morel.*) Os presento al señor Maximiliano Morel, capitan de Spahis, mi amigo íntimo. (*Á Morel.*) El señor Beauchamp periodista de la oposicion.

(*Truecan un saludo.*)

MORCEF. Qué se dice en el mundo?
BEAUCHAMP. Acabo de ver á la condesa de Rastiñac que me ha contado una historia.
MORCEF. Una historia! Contadla, ya sabeis cuanto me gustan las historias.
BEAUCHAMP. Habeis estado hoy en las carreras del campo de Marte?
MORCEF. Sí, por cierto.
MAX. No puedo yo decir otro tanto.
BEAUCHAMP. Pues bien, ya que habeis estado, podiais decirme entonces, á quien pertenece el caballo que ganó el premio del jokey club?
MORCEF. Deseais saberlo?
BEAUCHAMP. Yo lo creo. Imajinaos que... Pero, lo sospechais acaso, vizconde?
MORCEF. Querido periodista, ibais á contar una historia. Habeis dicho: imajinaos que...
BEAUCHAMP. Pues bien, imajinaos que estaba yo con la condesita de Rastiñac á quien aquel encantador caballo y aquel diminuto jokey inspiraron á primera vista una simpatía tan viva, que en su interior deseaba que ganasen lo propio que si por ellos hubiera apostado la mitad de su fortuna; así es que apenas los vió llegar al punto dejando bastante atrás á los demás caballos, fué tal su alegría que empezó á palmotear como una loca. Figuraos cual sería luego su asombro, cuando al entrar en su casa encontró en la escalera al jokey de casaca color de rosa; creyó al pronto que el vencedor de la carrera vivia en la misma casa que ella, pero al abrir la puerta del salon, lo primero que vió fué la copa de oro, es decir el premio ganado por el caballo y el jokey desconocidos. En la copa habia un papelito que contenia estas palabras: «A la condesa de Rastiñac, lord Ruthwen.»
MORCEF. Esto es justamente.
BEAUCHAMP. Como! qué quereis decir?
MORCEF. Quiero decir que es lord Ruthwen en persona.
BEAUCHAMP. Pero, quién es lord Ruthwen?
MORCEF. (*En voz baja y misteriosamente.*) Nuestro conde... el conde de Monte-Cristo.
BEAUCHAMP. Qué es lo que puede haceros creer que es él quien ha ganado?
MORCEF. Su caballo que llevaba el nombre de *Vampa.*
BEAUCHAMP. Y qué?
MORCEF. Como! no os acordais del nombre del famoso bandido que me hizo prisionero?
BEAUCHMP. No sé tal cosa.

MAX. Ni yo.
MORCEF. Pues entónces, voy á contaros una historia á mi vez. Estuve en Roma el último carnaval.
MAX. Ya lo sabíamos.
MORCEF. Sí, mas lo que no sabeis es que fui robado por unos salteadores.
BEAUCHAMP. Perdonad, habrá materia para un folletin en lo que vais á contarnos?
MORCEF. Sí, por cierto. Decia, pues, que habiéndome robado los ladrones, me condujeron á un lugar muy triste que llaman las catacumbas de San Sebastian.
MAX. Conozco ese sitio. Me faltó poco para cojer allí calenturas.
MORCEF. Y yo las tuve realmente. Me habian anunciado que estaba prisionero y me pedian por mi rescate una miseria, cuatro mil escudos romanos, veinte y seis mil libras tornesas. Desgraciadamente, no tenia mas que mil quinientas; estaba al fin de mi viaje y mi crédito se habia concluido. Escribí á Franz. Y por Dios! aguardad, al mismo Franz podeis preguntarle si miento; escribí á Franz, que si no llegaba á las seis de la mañana con los cuatro mil escudos, á las seis y diez minutos me habria ido á reunir con los bienaventurados santos y los gloriosos mártires, en compañía de los cuales tendria el honor de encontrarme; y Luís Vampa, ese era el nombre del gefe de los ladrones, hubiera cumplido escrupulosamente su palabra.
BEAUCHAMP. Pero llegó Franz con los cuatro mil escudos y...
MORCEF. No, llegó solamente acompañado del conde de Monte-Cristo.
BEAUCHAMP. Ah! ya. Iria armado hasta los dientes?
MORCEF. No llevaba arma ninguna.
MAX. Pero trató de vuestro rescate?
MORCEF. Dijo solo dos palabras al oido del gefe y fui puesto en libertad.
BEAUCHAMP. Aun seria capaz el gefe de darle escusas por haberos preso?
MORCEF. Justamente.
MAX. Pero era Ariosto ese hombre?
MORCEF. No; era simplemente como os he dicho el conde de Monte-Cristo.
BEAUCHAMP. Lo cierto es que no hay nadie que conozca los ascendientes del tal conde de Monte-Cristo. A no ser que venga de la Tierra Santa y que alguno de sus antepasados haya poseido el Calvario, como los Mortemar el

Sigue la pág. 7 de la 2.ª parte.

mar muerto.

MAX. Perdonad, pero creo que os voy á confundir. Monte-Cristo es una isla de la que he oido hablar muchas veces á los marinos que empleaba mi padre, un grano de arena en medio del Mediterráneo, en fin, un átomo en el infinito.

MORCEF. Eso es exactamente. Pues bien, de ese grano de arena, de ese átomo es señor y rey ese de quien os hablo; habrá comprado su título de conde en alguna parte de la Toscana.

MAX. Será muy rico vuestro conde?

MORCEF. Yo lo creo. Habeis leido las mil y una noches, Morel?

MAX. Buena pregunta!

MORCEF. Pues bien: sabeis si las personas que allí figuran son ricas ó pobres? si sus granos de trigo son de rubíes ó de diamantes? Tienen el aire de pescadores, no es eso? Les tratais como á tales y de repente os abren una caverna misteriosa en donde os encontrais con un tesoro que basta á comprar la India.

MAX. Y bien!

MORCEF. Y bien, el conde de Monte-Cristo es uno de esos pescadores. Tiene ademas un nombre adecuado; se llama Simbad el Marino, y posee una caverna llena de oro.

MAX. Habeis visto vos esa caverna, vizconde?

MORCEF. Yo no, Franz bajó á ella con los ojos vendados y fué servido por mudos y mugeres, al lado de las cuales, á lo que parece, no hubiera sido nada Cleopatra.

BEAUCHAMP. Sí, Morel. Todo lo que se diga respecto al conde de Monte-Cristo es creible. Es capaz de todo. Cinco dias hace que está en Paris y ha vuelto locas á todas las señoras. Es un gran señor.

MAX. Un gran señor estrangero?

BEAUCHAMP. Un gran señor de todos los paises.

ESCENA III.

DICHOS, MONTE-CRISTO.

MONTE-CRISTO. Muy buenos dias, señores. Como siempre teniais vos la palabra, mi querido periodista?

BEAUCHAMP. Sí, conde: me acaban de contar una historia en que entran bandidos y prometia escribir un folletin.

MORCEF. Le he relatado nuestra aventura con Luis Vampa en las catacumbas de San Sebastian y el modo misterioso como vos me salvasteis.

BEAUCHAMP. Y en verdad que sois el salvador de todo el mundo. Acabo de saber no hace mucho que habeis libertado milagrosamente y de un peligro cierto á la señora de Villefort, cuyos caballos se habian desbocado.

MONTE-CRISTO. Esto se lo debo á Alí, mi esclavo nubio. Tiene una habilidad suma en echar el lazo, y lo mismo detuvo en su carrera á los dos caballos desbocados de la señora de Villefort que lo hubiera hecho con un leon en el desierto. Este mérito pues, se le debe á él, no á mí.

BEAUCHAMP. De todos modos permitid que os felicite y que me marche.

MONTE-CRISTO. Tan pronto!

BEAUCHAMP. Sí, tengo con lo que acabo de saber lo suficiente para llenar una página de mi periódico, y ya sabeis, los periodistas son como los ladrones, deben aprovechar la ocasion. A mas ver, señores.

ESCENA IV.

MORCEF, MONTE-CRISTO, MAXIMILIANO.

MORCEF. Querido conde, supongo me permitireis presentaros un buen amigo.

MONTE-CRISTO. Todos vuestros amigos, señor de Morcef, serán siempre bien recibidos en mi casa.

MORCEF. El señor Maximiliano Morel, capitan de Spahis.

(*El conde no puede reprimir un movimiento y adelanta un paso.*)

MONTE-CRISTO. El señor viste el uniforme de los modernos franceses vencedores? oh! es un bello traje.

MORCEF. Y advertid que bajo este uniforme late uno de los mas valientes y mas nobles corazones del ejército.

MAX. Oh! señor conde..

MONTE-CRISTO. Ah! el señor tiene un noble corazon... Bueno es eso! (*A Morcef*) Os doy las gracias, querido vizconde, por haberme proporcionado la ocasion de presentar mis respetos al señor Maximiliano Morel.

MAX. Me confundís.

MORCEF. A otra cosa he venido tambien, querido conde, y por cierto que si accedeis os diré que si antes no erais mas que un hombre encantador, sereis un hombre adorable.

Monte-Cristo. Qué es menester que haga para llegar á esa sublimidad?

Morcef. Estais hoy libre como el aire; venid á comer conmigo; seremos pocos; vos, mi madre y yo solamente. Aun no habeis conocido á mi madre. Es una mujer muy notable y no siento mas que una cosa, os lo juro, no encontrar otra semejante con veinte años menos. Pronto habria una condesa y una vizcondesa de Morcef.

Monte-Cristo. Me es imposible aceptar vuestra invitacion, vizconde. Una cita importante...

Morcef. Hum! Otra vez os hice la misma proposicion y no la aceptasteis tampoco. Van ya dos veces que rehusais comer con mi madre. Habeis tomado ese partido, conde?

Monte-Cristo. Oh! no creais tal cosa.

(*Morel entretanto se ha sentado junto á una mesa leyendo un periódico.*)

Morcef. Pues bien, asistireis á lo menos á un baile que á mi padre se le ha ocurrido dar.

Monte-Cristo. Cuando será el baile?

Morcef. El sábado.

Monte-Cristo. Puedo estar ocupado.

Morcef. Cuando os haya dicho una cosa, creo que sereis tan amable que asistireis.

Monte-Cristo. Decid.

Morcef. Mi madre os lo suplica.

Monte-Cristo. (*estremeciéndose*) La señora condesa de Morcef?

Morcef. Os prevengo, conde, que mi madre habla libremente conmigo y hace cuatro dias que no hablamos mas que de vos.

Monte-Cristo. De mí! en verdad que me colmais de atenciones.

Morcef. Qué quereis! Es el privilegio de vuestra situacion, como sois un problema viviente!

Monte-Cristo. Ah! tambien soy un problema para vuestra madre? No la imaginaba capaz de ir á creer en tamaños desvaríos.

Morcef. Problema, mi querido conde, problema para todos, lo mismo para mi madre que para los demas; problema aceptado pero no resuelto; seguis siendo un enigma. Mi madre que os vió en la ópera el otro dia estraña que seais tan jóven. Yo creo que en el fondo, mientras que la condesa de Rastiñac os toma por lord Ruthwen, mi madre os toma por Cagliostro ó el conde de San German. Con que, ireis el sábado?

Monte-Cristo. ¡Puesto que la señora de Morcef me lo suplica...

Morcef. Bailais, querido conde?

Monte-Cristo. Yo?

Morcef. Sí, vos. Qué tendria eso de estraño?

Monte-Cristo. Ah! en efecto, cuando todavía no se ha llegado á los cuarenta..... No, no bailo, pero me gusta ver bailar. Y la señora de Morcef, baila?

Morcef. Nunca. Hablareis, tanto mejor. Tiene tantos deseos de hablar con vos!

Monte-Cristo. De veras?

Morcef. Palabra de honor. Yo os declaro que sois el primer hombre por quien haya manifestado curiosidad mi madre.

Un criado. (*anunciando*) El señor de Villefort.

Morcef. El procurador del rey!

Max. (*Dejando el periódico*) Tal vez molestamos al señor conde...

Monte-Cristo. No por cierto, y mientras qqe yo recibo al señor de Villefort, vos que sois de la casa, querido vizconde, id á enseñar al capitan Morel mi sala de armas. Vereis cosas curiosas.

Max. Lo creo y os anticipo mi parabien.

Morcef. Con vuestro permiso. Por aquí, Morel. (*Vanse.*)

ESCENA V.

MONTE-CRISTO, VILLEFORT.

Vill. Conde, el señalado servicio que hicisteis ayer á mi muger y á mi hijo, me ha impuesto el deber de daros las gracias; vengo pues á cumplir con este deber y á espresaros todo mi reconocimiento.

Monte-Cristo. Soy muy feliz, caballero, en haber podido conservar un hijo á su madre.

(*Le hace señal para que tome asiento. Villefort va á dejar el sombrero sobre la mesa y repara en un mapa que está abierto encima de ella.*)

Vill. Os ocupais de geografía? Es un estudio muy bueno, para vos sobre todo, que, segun dicen, habeis visto tantos paises como hay grabados en este mapa.

Monte-Cristo. Si señor, he querido hacer sobre la especie humana en general lo que vos haceis cada dia sobre escepciones; un estudio fisiolójico.

Vill. Os digo de veras que si como vos, no tuviera yo nada que hacer, buscaria una ocupacion menos triste.

Monte-Cristo. Acabais de decir, segun creo, que yo no tenia nada que hacer. Veamos; creeis vos tener algo que hacer? ó para hablar mas claro; creeis vos que lo que haceis merece la pena de llamarse trabajo?

Vill. Caballero, me confundís, y jamás he oido hablar á nadie como vos lo haceis.

Monte-Cristo. Eso es que habeis estado constantemente encerrado en el círculo de las condiciones generales, y nunca os habeis remontado á las esferas superiores, que Dios ha poblado de seres invisibles y escepcionales.

Vill. Y vos creeis, caballero, que esas esferas existen, y que los seres escepcionales é invisibles se mezclen con nosotros?

Monte-Cristo. Porqué no? Acaso veis el aire que respirais y sin el cual no podriais vivir?

Vill. Entonces no vemos á esos seres de que hablais.

Monte-Cristo. Si tal: los veis cuando Dios permite que se materialicen. Entonces les tocais, les hablais, y os responden.

Vill. Confieso que querria que se me avisara cuando uno de esos seres se encontrase en contacto conmigo.

Monte-Cristo. Habeis sido servido á vuestro gusto; porque habeis sido avisado hace poco, y ahora mismo os hallais en presencia de uno.

Vill. De modo que vos...

Monte-Cristo. Yo soy uno de esos seres escepcionales, si señor; y creo que hasta ahora ningun hombre se ha encontrado en una posicion semejante á la mia. Los dominios de los reyes son limitados; sea por montañas, por rios, por un cambio de costumbres ó por una mudanza de lenguaje. Mi reino es grande como el mundo, porque no soy ni italiano, ni francés, ni indio, ni americano, ni español; soy cosmopolita. Ningun pais puede decir que me ha visto nacer; solo Dios sabe el suelo que me verá morir. Adopto todas las costumbres, hablo todas los idiomas; nada me paraliza ni detiene: solo tengo tres adversarios, no quiero decir vencedores, porque con persistencia los someto, y son la distancia y el tiempo. El tercero y el mas terrible es mi condicion de hombre mortal. Este es el único que puede detenerme en el camino en que me encuentro, y antes de que haya conseguido el objeto que deseo: todo lo demas lo tengo calculado. Lo que los hombres llaman reveses de fortuna, es decir, la ruina, el cambio, las eventualidades, todas las tengo yo previstas, y si alguna me falta, no por eso puede derribarme. A menos que muera, siempre seré lo que soy; he aquí por lo que os digo cosas que nunca habeis oido, ni de boca de los reyes; porque los reyes os necesitan, y los demas hombres os tienen miedo. Quién es el que no puede decir en una sociedad tan ridículamente organizada como la nuestra: «Tal vez algun dia tendré que buscar al procurador del rey?»

Vill. Pero vos mismo, caballero, podeis decir eso; porque desde el momento que habitais en Francia, naturalmente teneis que someteros á las leyes francesas.

Monte-Cristo. Ya lo sé; pero cuando debo ir á un pais, empiezo á estudiar por medios que me son propios, á todos los hombres de quienes puedo tener algo que esperar ó que temer, y llego á conocerlos tan bien, ó mejor quizá que ellos se conocen á sí mismos. De esto resulta que el procurador del rey, se veria seguramente mas embarazado que yo mismo al hallarme en su presencia.

Vill. Lo cual quiere decir, que siendo débil la naturaleza humana... todo hombre, segun vuestro parecer, ha cometido... faltas.

Monte-Cristo. Faltas..... ó crímenes. Pero dejemos esto, caballero; teneis contados vuestros momentos, y no quiero deteneros por mas tiempo.

Vill. Adios, señor conde; os dejo llevando de vos un recuerdo de estimacion, que, lo espero, podrá seros agradable cuando me conozcais mejor: por otra parte, habeis adquirido en la señora de Villefort una amiga eterna. (*El conde saluda. Villefort se va.*)

ESCENA VI.

MONTE-CRISTO, BERTUCCIO.

Monte-Cristo. Señor Bertuccio, señor Bertuccio!

Bert. (*apareciendo en el umbral de la puerta*. Llamaba su escelencia?

Monte-Cristo Habeis visto al sugeto que acaba de salir de esta estancia?

Bert. Sí, escelencia.

Monte-Cristo. Y le habeis conocido?

Bert. Sí, escelencia.

Monte-Cristo. Creo que teniais que arreglar con él alguna pequeña cuenta.

Bert. Sí, escelencia! Le declaré la *vendetta* porque condenó á muerte á mi hermano.

Monte-Cristo. Y el señor Bertuccio, no se ha visto con ánimo para llevar á cabo su *vendetta*?

Bert. Esperaba una ocasion.

Monte-Cristo. Pues bien, yo os presentaré esa ocasion.

Bert. Oh! escelencia!

Monte-Cristo. Hasta entonces, silencio.

Un criado. (*Anunciando*) El señor baron Danglars.

Monte-Cristo. (*aparte*) Otro. (*á Bertuccio*) Dejadnos solos.

ESCENA VII.

MONTE-CRISTO, DANGLARS.

Dang. Es al señor de Monte-Cristo á quien tengo el honor de hablar?

Monte-Cristo. Y yo al señor baron Danglars, caballero de la legion de honor, miembro de la cámara de los diputados?

Dang. (*Haciendo un gesto*) Dispensadme caballero, si no os he dado el título, bajo el cual sois conocido; pero bien lo sabeis, vivo en tiempo de un gobierno popular, y soy un representante de los intereses del pueblo.

Monte-Cristo. De modo que conservando la costumbre de haceros llamar baron, habeis perdido la de llamar á los otros conde.

Dang. Tampoco lo hago conmigo. Me han nombrado baron, y hecho caballero de la Legion de honor por algunos servicios, pero...

Monte-Cristo. Pero habeis abdicado vuestros títulos, como hicieron otras veces los señores de Montmorency y de Lafayette. Ah! ese es un buen egemplo.

Dang. No tanto, pero ya comprendeis que para los criados...

Monte-Cristo. Sí, sí, os llamais monseñor para los criados, caballero para los periodistas, y ciudadano para los del pueblo. Esas son medidas muy aplicables al gobierno constitucional. Comprendo perfectamente.

Dang. Señor conde, he recibido una carta de aviso de la casa Thompson y French.

Monte-Cristo. Ah! ya.

Dang. Pero os confieso que no he comprendido bien su sentido.

Monte-Cristo. Bah!

Dang. Y por esto he tenido el honor de presentarme en vuestra casa para pediros esplicaciones.

Monte-Cristo. Pues bien, señor baron, os escucho, y estoy dispuesto á responderos.

Dang. Esta carta... creo que la tengo aquí; sí, aquí está en efecto. Esta carta abre al señor conde de Monte-Cristo un crédito ilimitado sobre mi casa.

Monte-Cristo. Y bien, señor baron, qué hay para vos en eso de incomprensible?

Dang. Nada, caballero; pero la palabra ilimitado...

Monte-Cristo. Qué? Acaso no entendeis esa palabra? Ya podeis haceros cargo de que son anglo-alemanes los que la han escrito.

Dang. Oh! si tal, caballero; y en cuanto á la sintaxis no hay nada que decir; pero no sucede lo mismo en punto á contabilidad.

Monte-Cristo. Por ventura la casa Thompson y French no está perfectamente segura en vuestro concepto, señor baron? Diablo! esto me contrariaria sobre manera; porque tengo algunos fondos colocados en ella...

Dang. Oh! completamente segura. (*Con importancia y con sonrisa burlona.*) Pero el sentido de la palabra ilimitado en punto á los negocios mercantiles, es tan vago!..

Monte-Cristo. Que casi es ilimitado: no quereis decir eso?

Dang. Justamente, señor conde, eso queria decir. Ahora pues, una cosa vaga, se diferencia poco de la duda, y segun dice un sabio, es muy peligroso el dudar.

Monte-Cristo. Lo cual significa, que si la casa Thomson y French está dispuesta á hacer locuras, no lo está á seguir su egemplo la casa Danglars?

Dang. Como! señor conde?

Monte-Cristo. Sí, esto no admite duda: los señores Thompson y French hacen los negocios sin cifras, pero el señor Danglars tiene un límite para los suyos; lo que dá á conocer que es un hombre prudente, como decia hace poco.

Dang. Caballero, nadie ha contado aun lo que hay en mi caja.

Monte-Cristo. Entonces seré yo el primero, segun veo.

Dang. Quién os lo ha dicho?

Monte-Cristo. Las esplicaciones que me pedís y que distan muy poco de la indecision.

Dang. En fin, señor conde: voy á ver si

me hago entender, suplicándoos que vos mismo fijeis la suma que quereis se os entregue.

Monte-Cristo. Pero señor baron, el motivo de haber pedido un crédito ilimitado sobre vos, es porque no sabia justamente que sumas necesitaba.

Dang. Oh! caballero! (*con fatuidad*) No tengais reparo en desear, porque pronto os convencereis de que el caudal de la casa Danglars, por limitado que sea, puede satisfacer las mayores exigencias; y aunque pidiéseis un millon...

Monte-Cristo. (*admirado*) Cuanto!

Dang. (*con importancia*) He dicho un millon.

Monte-Cristo. Un millon! y qué haria yo con un millon? Pardiez! si no hubiese necesitado mas que un millon, no me hubiera hecho abrir en vuestra casa un crédito por semejante miseria. Un millon! Yo siempre llevo un millon en mi cartera ó en mi *neceser* de viage. (*Abre su cartera y muestra dos billetes de banco.*) Vamos, confesadme francamente que desconfiais de la casa Thompson y French. He previsto el caso, y aunque poco entendedor en esta clase de asuntos, tomé mis precauciones que vereis en estas otras dos cartas iguales á la que os ha sido dirigida; la una de la casa Arestein y Eskeles de Viena, sobre el señor baron de Rodchild, la otra de la casa Baring, de Londres, sobre el señor Laffite, y no teneis mas que decir una palabra, caballero, y os quitaré toda preocupacion, presentándome en una ó en otra de estas dos casas.

Dang. Oh! aquí teneis tres firmas que valen bastantes millones, tres créditos ilimitados sobre nuestras tres casas. Os pido mil perdones, señor conde; pero al dejar mi natural desconfianza, no puedo menos de quedarme asombrado.

ESCENA VIII.

DICHOS, BERTUCCIO.

Bert. Un anciano y una jóven acaban de llegar en busca del señor baron Danglars.

Dang. En mi busca!

Bert. No habiendo encontrado en su casa al señor baron, se han dirijido aquí donde se les dijo poder hallarle.

Dang. Os han dicho su nombre?

Bert. El señor Morel, armador de Marsella y su hija la señorita Julia.

Dang. (*à Monte-Cristo*) Ah! un pobre hombre á quien sus calaveradas han arruinado, y que recurre á mí para sacarle del apuro.

Monte-Cristo. Os dejo solo para que podais recibirle á vuestro gusto. Estais en vuestra casa, señor baron, y puesto que nos hemos entendido, porque nos entendemos, no es asi?

Dang. Perfectamente.

Monte-Cristo. Pues bien, ya que nos entendemos hacedme el gusto de mandarme quinientos mil francos mañana por la mañana.

Dang. El dinero estará aquí mañana á las diez. Adios, señor conde.

Monte-Cristo. Adios, señor baron.

ESCENA IX.

DANGLARS, MOREL *padre*, JULIA.

Mor. Señor Danglars, vengo de vuestra casa

Dang. Lo sé.

Mor. Acabo de llegar de Marsella, y como me interesaba veros, no he vacilado en presentarme aquí, acompañado de mi hija, cuando me han dicho que no estabais en casa.

Dang. Y qué deseais de mí, señor Morel?

Mor. Ya sabreis tal vez que mis negocios no se hallan en muy buen estado... Ay de mí! La fatalidad parece que se ha decidido á jugar conmigo, y he esperimentado últimamente pérdidas irreparables. Me quedaba un recurso, el último, el buque *el Faraon*, ya sabeis, el que habia puesto á las órdenes de aquel pobre Edmundo Dantés á quien queríamos tanto... os acordais?

Dang. Pse! me parece que sí.

Mor. Pues bien, mi viejo Faraon ha naufragado para colmo de desgracias.

Dang. De modo que...

Mor. De modo que vos sois en la actualidad, señor Danglars...

Dang. Querido señor Morel, veo que os olvidais con mucha facilidad que soy baron. Llamadme pues baron, no porque yo haga caso de semejante título, sino... ya veis... es cosa...

Mor. (*sorprendido*) Ah!

Dang. Deciais pues...

Mor. Decia, señor baron, que vos sois en la actualidad mi último recurso. Luego, la casa Thompson y French de Roma, no sé con que objeto ha hecho comprar todos los créditos existentes sobre la casa de Morel. Sé que tiene un apoderado en Paris, el cual no se me ha presentado todavía, y que obedeciendo tal vez las órdenes de sus principales, tratará de arrruinarme. Señor baron, os he dicho que solo en vos confiaba, y os lo repito: sois millonario, teneis crédito, una firma vuestra puede darme el honor que estoy á pique de perder; hacedlo, señor baron; hacedlo por nuestra antigua amistad, por vuestro antiguo protector.

Dang. Mucho siento no poder complaceros, señor Morel; pero no os ocultaré, que sin dejar de hacer honor á vuestra probidad irreprehensible, la voz pública dice que no os hallais en estado de pagar los créditos que se os presenten.

Mor. Señor baron, hasta el dia, ninguna letra firmada por Morel ha sido presentada á la caja, que no se haya satisfecho en el acto.

Dang. Ya; pero bien conocereis...

Mor. Con que rehusais?

Jul. Señor baron, si de algo pueden valer las súplicas de una pobre mujer, concededle este favor á mi padre: concedédselo, señor baron, y yo rogaré tanto por vos al Señor, que el Señor derramará beneficios sin cuento sobre vuestra casa. Pensad que con vuestra firma dais á mi padre el honor, la vida misma, porque no podrá soportar semejante golpe.

Dang. Señorita, os aseguro que siento en el alma no poder acceder á vuestra solicitud. Por lo demás, ya sabeis, señor Morel, que en todo lo que pueda seros útil, me teneis á vuestra disposicion. Ahora os suplicaré me dispenseis si os dejo precipitadamente, pero tengo que pronunciar un discurso en la cámara de los diputados, y ya veis, no es cosa de hacer esperar. Señor Morel, estoy á vuestras órdenes. Señorita... (*Se vá.*)

ESCENA X.

morel, julia, *enseguida* **monte-cristo.**

Jul. Padre mio!

Mor. Hija mia! ya lo ves: creía poder contar con ese hombre; con ese hombre que todo me lo debe; pero habia olvidado que en la prosperidad los hombres no se acuerdan de sus bienhechores. Hemos hecho un viage inútil, hija mia; infructuoso como todo lo que he intentado.

Monte-Cristo. (*apareciendo en el umbral de la puerta.*) Tal vez no.

Mor. y Jul. Ah!

Mor. Dispensadme, caballero, mi sorpresa, y el grito que involuntariamente se me ha escapado; pero así, de pronto, al oir vuestra voz, al veros aparecer tan repentinamente, habia creido reconocer en vos á un hombre... que ha muerto ya; pero cuyo recuerdo no se aparta de mi imaginacion. Seria indiscreto, si os preguntara á quien tengo el honor de hablar?

Monte-Cristo. Soy el conde de Monte-Cristo.

Mor. Entonces debeis dispensarme dos veces, señor conde; puesto que me he tomado la libertad de presentarme en vuestra casa sin ser invitado.

Monte-Cristo. Os habeis adelantado á mis esperanzas, pues á saber vuestra llegada á Paris, os hubiera reclamado el honor de una entrevista.

Mor. Como?

Monte-Cristo. Soy el apoderado de la casa Thompson y French de Roma.

Mor. Ah!

Monte-Cristo. Esta casa tiene que pagar en Francia algunos miles de francos, y conociendo vuestra rigurosa exactitud, ha reunido todo el papel firmado por vos, que ha podido encontrar, y me ha dado el encargo de cobrarlo de vuestra casa de Marsella, á medida que sus plazos vayan venciendo.

Mor. Con que, teneis letras firmadas por mí?

Monte-Cristo. Y por una suma bastante considerable (*sacando una cartera y de ella algunas letras*). Aquí teneis, por de pronto doscientos mil francos, endosados á nuestra casa por de Baville. Reconoceis deberle esta suma?

Mor. Sí, por cierto.

Monte-Cristo. Luego, treinta y dos mil quinientos francos en titulos al portador. Es esta vuestra firma?

Mor. La reconozco. Es eso todo, caballero?

Monte-Cristo. No. Tengo tambien para cobrar al fin de mes estos valores que me han sido endosados por las casas Pascal, Turner y Wild de Marsella; cincuenta ó cincuenta y cinco mil francos.

Mor. Pues bien, señor conde, todo esto contaba pagar, si uno de mis buques, el Faraon, que salió de Calcuta el 5 de Febrero, hubiera llegado al puerto de Marsella; pero...

Monte-Cristo. Pero el Faraon ha naufragado, no es esto?

Mor. Si señor, y cruel es decirlo... acostumbrado ya á la desgracia, preciso es tambien que me acostumbre á la deshonra..... creo que me veré obligado á suspender mis pagos.

Monte-Cristo. Y no teneis amigos que puedan ayudaros en esta circunstancia?

Mor. En los negocios, no se tienen amigos, no se tienen mas que corresponsales.

Monte-Cristo. Veo que os ha sobrevenido una desgracia inmerecida, y esto me afirma mas y mas en el deseo que tenia de poderos ser útil.

Mor. Oh! caballero!...

Monte-Cristo. Veamos; yo soy uno de vuestros principales acreedores, no es verdad?

Mor. Sois á lo menos quien posee los créditos que deben vencer mas pronto.

Monte-Cristo. Deseais un plazo para pagarme?

Mor. Un plazo podria salvarme el honor; y por consiguiente la vida

Monte-Cristo. Cuanto tiempo quereis?

Mor. Dos meses.

Monte-Cristo. Os concedo tres.

Mor. Y creeis que la casa Thompson y French...

Monte-Cristo. Perded cuidado, caballero, yo cargo con la responsabilidad. Estamos á 5 de Junio.. eh?

Mor. Sí.

Monte-Cristo. Pues bien, dadme un solo billete de doscientos ochenta y siete mil francos, pagadero el 5 de Setiembre... y el 5 de Setiembre á las once de la mañana, me presentaré en vuestra casa. (*Rasga los billetes.*)

Mor. Caballero...

Monte-Cristo. Deciais?...

Mor. Qué habeis hecho?

Monte-Cristo. Ninguna necesidad tengo de todos esos papelotes, puesto que me vais á dar un solo título.

Mor. Pero todavía no le teneis?

Monte-Cristo. Qué importa, si tengo otra cosa mejor? tengo vuestra palabra.

Mor. (*escribiendo*) Aqui teneis el billete.

Monte-Cristo. El dia 5 de Setiembre, á las once...

Mor. Os esperaré, y en el mismo dia recibireis el dinero ó moriré.

ACTO SEGUNDO.

Un salon adornado con lujo, y que figura ser antesala del de un baile. Es de noche. Los criados acaban de encender las luces. En el fondo la puerta que da al salon de baile. — A la derecha la puerta del aposento del conde de Morcef. A la izquierda la puerta que comunica con las demas habitaciones.

ESCENA PRIMERA.

UN CRIADO, MOREL.

El criado. Por aquí, caballero; os lo suplico... servios esperar un instante en este salon

Mor. Perdonad si os digo que nada comprendo: me parece que hay aquí una fiesta, y creia que la persona que habia preguntado por mí...

ESCENA II.

DICHOS, MERCEDES.

Merc. Yo soy esa persona.

Mor. Señora...

Merc. (*al criado*) Dejadnos solos... Me conoceis, señor Morel?

Mor. Señora... procuro recordar... Me parece que he tenido ya el honor..... pero confieso...

Merc. Miradme bien.

Mor. Repito...

Merc. Soy Mercedes.

Mor. Mercedes.. la catalana?

Merc. Sí señor, Mercedes la catalana.

Mor. Imposible!

Merc. Me encontrais pues muy cambiada, muy envejecida...

Mor. Al contrario, señora... sois bella... sois jóven... y, á lo que parece, rica y dichosa.

Merc. Rica, sí, señor Morel... pero sentaos os lo suplico.

Mor. Señora...

Merc. Oh! Me hareis creer que no encontrais placer en volverme á ver, y que estais impaciente por marcharos.

Mor. Os engañariais doblemente creyendo eso. Pero, me permitireis que os dirija algunas preguntas?

Merc. Con mucho gusto, señor Morel; tanto mas, cuanto que yo os he suplicado que vinierais á verme, para á mi turno preguntaros.

Mor. La carta que he recibido, estaba firmada por la señora condesa de Morcef.

Merc. Soy yo.

Mor. Pero entonces... Fernando.

Merc. En este mundo no hay mas que tristeza y desgracia; bien lo sabeis, querido señor Morel. Fernando es ahora el conde de Morcef.

Mor. Y vos?

Merc. Ya lo veis, yo soy su esposa.

Mor. En efecto, porque no? Tal era la marcha natural de las cosas.

Merc. Oh! señor Morel! hay una cruel reconvencion en lo que acabais de decir.

Mor. Una reconvencion, señora condesa?

Merc. Sí, lo comprendo; pero solo aquel que se encuentre en mi lugar puede juzgarme. Pobre, junto á un hombre que me adoraba y á quien yo amaba tambien, no como á un amante, pero sí como á un hermano, guardé por dos años la fe que habia jurado al pobre Edmundo; pero en fin, no teniendo ya esperanza, cedí. He ahí como me casé con Fernando, he ahí como soy condesa de Morcef.

Mor. Oh! Dios mio, me parece un sueño.

Merc. Que voy á esplicaros. Fernando, ya lo sabeis, partió como soldado en 1816, le visteis volver teniente en 1818, y entonces fué cuando nos casamos. Estalló en Grecia la guerra de la independencia, y allí partió Fernando con el grado de capitan: Alí, bajá de Janina necesitaba un oficial instructor; mi marido entró á su servicio, y llegó á ser el hombre de su confianza. Ya habreis oido contar la muerte del leon de Epiro, como le llamaban... Fué vendido traidoramente... sorprendido en un kiosco... degollado despues de una defensa heróica. Mi marido fué uno de sus últimos defensores, y al espirar, Alí le tendió una bolsa llena de diamantes. Esta bolsa es la fuente de nuestra fortuna. Fernando volvió á Francia con el grado de general, que S. M. tuvo á bien confirmarle, y al cual añadió el título de conde. Por eso, señor Morel, la carta que habeis recibido estaba firmada por la señora de Morcef, y no por Mercedes la catalana.

Mor. Os confieso, señora, que he tenido una gran satisfaccion en volver á ver antes de partir nuevamente á Marsella, á la Mercedes que tan buenos recuerdos habia dejado en mi memoria.

Merc. (tristemente) Acabais de pronunciar la palabra Marsella, y esta palabra trae á mi memoria el recuerdo de otras personas que he conocido... en esa ciudad.

Mor. Sí, comprendo, os acordais de...

Merc. Dispensadme, señor Morel. Habiendo sido para mí demasiado indulgente como amante, no me juzgueis demasiado severamente como mujer.

Mor. Os juzgaria severamente, por el contrario, señora, si hubiérais olvidado.

Merc. No, no; no he olvidado, señor Morel, no! y ahora os confesaré una cosa, y es que mi deseo al pediros una entrevista...

Mor. Sí, sí, comprendo.

Merc. Y bien?

Mor. Ah! señora...

Merc. Ninguna nueva?

Mor. Ninguna.

Merc. Y no ha vuelto á comparecer en Marsella?

Mor. Nadie le ha visto.

Merc. Y sin embargo, no hace muchos dias, en la ópera... fué una fascinacion... fué un sueño... No, no, no puede ser.

Mor. Qué decis, señora?

Merc. Escuchad, señor Morel; yo no puedo acostumbrarme á la idea de que el pobre Edmundo haya muerto: Dios me es testigo, sin embargo, de que si le hubiera creido vivo, nada en el mundo me hubiera determinado á ser la esposa de otro. Queria deciros, que si algun dia llegais á saber que ambos hemos sido engañados... que si llegara un dia en que compareciese en Marsella, ó que vos supieseis en fin que existia en un lugar cualquiera del mundo... cuento con vos, señor Morel, para escribirme esta única palabra: « vive. »

Mor. Señora, lo haré al instante.

Merc. Gracias... Y quizá entonces seré mas desgraciada... pero estaré al menos mas tranquila.

Mor. No tengo necesidad de deciros, señora, que si por casualidad volveis alguna vez á Marsella...

Merc. Oh! señor Morel, no se vuelve tan

fácilmente al sitio donde se han esperimentado semejantes dolores.
Mor. Hay una casa en la calle de Meilhan...
Merc. Donde iríamos, en romería?..
Mor. Nosotros dos solos, no es verdad?

ESCENA III.

DICHOS, FERNANDO.

Fern. Y porqué no, nosotros tres?.. Dantés era amigo mio; bien lo sabeis, señora.
Mor. Señor conde...
Fern. Me alegro de veros, señor Morel, porque siempre se vé con gusto á un antiguo amigo. Os quedais al baile?
Mor. Gracias, señor conde. Habia venido solo...
Fern. Por invitacion de la condesa... Yo soy quien la he suplicado que os escribiera. Amenudo hablamos del pobre Dantés, y... desearia por cierto saber de él alguna nueva.
Mor. Señor conde... la señora me hacia el honor de decir en el momento en que habeis entrado, que aguardaba gente, y yo la suplicaba se sirviera dispensarme. Parto mañana.
Fern. Está bien, señor Morel. La condesa y yo pensamos ir á Marsella dentro de algun tiempo. Permitiréis que os hagamos una visita?
Mor. Será un gran honor para mí... Señor conde... Señora condesa...

(*Saluda y se vá.*)

ESCENA VI.

FERNANDO, MERCEDES.

Fern. Conque nunca olvidareis á ese hombre, señora?
Merc. Os he prometido alguna vez olvidarle?
Fern. No, bien lo sé; pero por respeto al nombre que llevais, debierais no participar á los estraños el secreto de vuestro amor.
Merc. El señor Morel no es un estraño para mí. Era el segundo padre de aquel...
Fern. De aquel á quien vos amábais?.. decidlo por fin.
Merc. De aquel á quien yo amaba... De aquel con quien debia casarme. Nada era mas puro que ese amor, y nadie tiene derecho de reconvenirme. No era su querida, era su novia; era casi su muger, y he llevado luto por él como hubiera podido hacerlo una viuda.

Fern. Le habeis llevado!.. porqué no decís que le llevais aun?
Merc. En mi corazon sí... siempre!
Fern. Callaos, señora: viene gente.

ESCENA V.

DICHOS, MORCEF, MONTE-CRISTO.

Morcef. Padre mio, tengo el honor de presentaros el señor conde de Monte-Cristo, el generoso amigo que he tenido la dicha de hallar en las difíciles circunstancias que sabeis.
Fern. Mucho placer recibo en ver á este caballero: ha hecho á nuestra casa, conservándole su único heredero, un servicio que escitará eternamente nuestro reconocimiento.

(*Mercedes se apoya en una mesa, como para no caer. El conde de Monte-Cristo solo ha contestado á Fernando con un caballeroso saludo*)

Morcef. Ah! Dios mio! qué teneis, madre mia? os sentís mala?
Fern. Os habeis puesta pálida; que teneis?
Merc. No, no es nada: he esperimentado alguna emocion al ver por primera vez á la persona, sin cuya intervencion estaríamos en este momento sumergidos en lágrimas y amargura. Caballero, os debo la vida de un hijo, y os bendigo por este beneficio.
Monte-Cristo. Señora, me recompensais con demasiada generosidad por una accion muy sencilla: salvar á un hombre, ahorrar tormentos á un padre y á una madre, esto no es solo una buena obra, es un acto de humanidad.
Merc. Mucha felicidad es para mi hijo, el teneros por amigo, y doy gracias á Dios que lo ha dispuesto todo así.
Un criado. (*anunciando*) El señor de Villefort.
Fern. Que pase al salon. (*á Monte-Cristo*) Me dispensaréis, señor conde, si os dejo un momento con la condesa. Voy á recibir á nuestros convidados.
El criado. (*abriendo de nuevo la puerta*) El señor baron Danglars.
Fern. Haced entrar al salon á todos los convidados. Señor conde...
Morcef. Os dejo con mi madre, conde; podreis hablar de vuestros viages: esta conversacion es de las que mas la agradan.

ESCENA VI.

MERCEDES, MONTE-CRISTO.

(*Ambos permanecen un instante silenciosos.*)

MERC. No habiais estado nunca en Paris, señor conde?

MONTE-CRISTO. Nunca, señora.

MERC. Entonces es no poco honor para mí ser la primera que os recibe en su casa, y que os presenta á la sociedad con el hermoso título de salvador de mi hijo.

(*En este momento atraviesa un criado el salon con una bandeja de dulces y frutas.*)

MERC. (*al criado*) Dejad eso encima de la mesa. (*acercándose, y tomando una manzana. Al conde.*) Tomad, señor conde, tomad. Las frutas de Francia no son comparables, bien lo sé, á las de Sicilia y Chipre; mas espero que sereis indulgente con nuestro pobre sol del norte.

(*El conde se inclina y no la admite.*)

MERC. La despreciais?

MONTE-CRISTO. Os suplico que me dispenseis, no como nunca fruta.

(*Mercedes deja la manzana y toma un dulce.*)

MERC. Tomad, pues, este dulce. (*El conde hace un ademan negativo.*) Señor conde, hay una tierna costumbre árabe que hace eternamente amigos á los que han comido juntos el pan y la sal bajo un mismo techo.

MONTE-CRISTO. La conozco, señora; pero estamos en Francia y no en Arabia; y en Francia nada significan el pan y la sal, si bien es verdad que tampoco hay una amistad eterna.

MERC. (*Fijando la vista en Monte-Cristo.*) Pero en fin, somos amigos, no es verdad?

MONTE-CRISTO. (*dejando escapar un movimiento, pero reprimiéndose y con indiferencia.*) Ya se vé que somos amigos, señora. Porqué no lo hemos de ser?

MERC. (*tristemente*) Gracias! (*Mudando de tono para variar de conversacion.*) Es cierto que tanto habeis visto y viajado? que tanto habeis sufrido?

MONTE-CRISTO. Mucho he sufrido, señora.

MERC. Y sois ahora feliz?

MONTE-CRISTO. Soy feliz, porque nadie oye mis quejas.

MERC. Y os dulcifica el alma vuestra felicidad presente?

MONTE-CRISTO. Mi felicidad presente iguala á mi miseria pasada.

MERC. No estais casado?

MONTE-CRISTO. Casado! yo!..

MERC. Con que vivís solo?

MONTE-CRISTO. Solo.

MERC. No teneis hermano, padre...

MONTE-CRISTO. No tengo á nadie en el mundo.

MERC. Como podeis vivir asi, sin nada que os haga apreciar la vida?

MONTE-CRISTO. No es culpa mia, señora. Amé en Malta á una jóven, é iba á casarme cuando sobrevino la guerra y me llevó lejos de ella como un torbellino. Habia yo creido que me amaria bastante para esperarme, para serme fiel aun despues de la muerte. Cuando volví, estaba casada. Tal es la historia de todo hombre que ha pasado por la edad de veinte años: quizá tengo yo el corazon mas debil que otro cualquiera, y he sufrido mas de lo que otro hubiera sufrido en mi lugar.

MERC. Sí, lo comprendo, y ese amor, aun no lo habeis olvidado quizá... No se ama de veras mas que una vez... Habeis vuelto á ver á esa mujer?

MONTE-CRISTO. Nunca.

MERC. Nunca?

MONTE-CRISTO. No. he vuelto al pais donde ella estaba.

MERC. Á Malta?

MONTE-CRISTO. Sí, á Malta.

MERC. Luego... ella está en Malta?

MONTE-CRISTO. Creo que sí.

MERC. Y la habeis perdonado lo que os ha hecho sufrir?

MONTE-CRISTO. Á ella, sí.

MERC. Pero á ella solamente; aborreceis siempre á los que os han separado de ella?

MONTE-CRISTO. (*Haciendo un esfuerzo sobre sí mismo y con sangre fria.*) Yo? porqué los he de aborrecer?

MERC. (*Volviendo de nuevo á tomar la manzana y presentándola á Monte-Cristo.*) Tomad.

MONTE-CRISTO. No como nunca fruta, señora.

MERC. (*dejando caer la manzana.*) Inflexible!

ESCENA VII.

DICHOS, FERNANDO.

FERN. Señora, en el salon se estraña vuestra ausencia.

MERC. Ahora íbamos allí. (*á Monte-Cristo*) Dadme el brazo, señor conde. (*Vanse.*)

FERN. Dios mio! creo que me vuelvo loco...

esa revelacion... esa revelacion... herirme así, como un rayo en mitad de un baile!.. Oh !.. qué amarga es la deshonra! (*Sentándose en una silla, y sacando un periódico del bolsillo. Leyendo*) « El oficial frances, al servicio de Alí, « bajá de Janina, de quien hablaba hace tres « semanas el Imparcial, y que no solamente « vendió el castillo de Janina, sino que entre- « gó á los turcos á su bienhechor, se llamaba « efectivamente Fernando en aquella época, « como dijo nuestro cólega; pero despues ha « agregado á su nombre un título de nobleza, « y el de una de sus tierras. Se llama hoy el « conde de Morcef, y es miembro de la cámara « de los pares. » (*arrugando el periódico entre sus manos.*) Sí, aquí está, aquí está... y yo estoy vivo, ante esa revelacion, caida no sé de donde, movida no sé por quién, hecha no sé con que objeto. Oh! fatalidad! Despues de tantos años de irreprensible conducta, Fernando de Morcef es insultado públicamente; su nombre sirve de escarnio y ludibrio á la prensa; su conducta será abominada por todos los hombres que sientan latir un corazon. Pero quién ha impulsado eso? Dios mio! de donde parte ese tiro? quién es el hombre vil y cobarde que ha hecho escribir eso en un periódico, para deshonrarme á los ojos de la Europa entera! Quién es el hombre cuyo ojo perspicaz y certero ha podido penetrar en mi pasado, arrancando esa página horrible de mi vida... Viene gente.. no quiero ver á nadie, á nadie; necesito estar solo.

(*Entra en una habitacion de la derecha.*)

ESCENA VIII.

MORCEF, BEAUCHAMP.

BEAUCHAMP. Donde me llevais, mi querido Alberto?

MORCEF. Aquí; necesito estar solo con vos; necesito haceros una pregunta de que depende mi felicidad, mi porvenir.

BEAUCHAMP. Me asustais, Alberto!

MORCEF. Acabo de leer un artículo en vuestro periódico; artículo que ultraja y denigra á mi padre, el conde de Morcef. En este instante, en esos salones hermosos y risueños, llenos de torrentes de luz y de música, no se habla mas que de mi padre, de mi padre al que cobardemente han ultrajado en un periódico. Beauchamp, necesito saber quién es el autor del artículo: necesito saberlo.

BEAUCHAMP. Pues bien, quereis que os hable francamente? no lo sé.

MORCEF. Como! no sabeis quién es el autor de un artículo inserto en vuestro periódico?

BEAUCHAMP. No. Unicamente os diré que ha salido de casa del baron Danglars.

MORCEF. Oh! corro á buscarle.

BEAUCHAMP. Es inútil: cuando he leido el artículo en mi periódico, me he tomado este trabajo yo mismo.

MORCEF. Vos?

BEAUCHAMP. Sí; qué hay en ello de estraño? Acaso no tenia derecho de hacerlo, por nuestra amistad, por el honor mismo de mi periódico?

MORCEF. Y qué?

BEAUCHAMP. Danglars me ha dicho que por boca del conde de Monte-Cristo sabia todos aquellos detalles.

MORCEF. Del conde de Monte-Cristo? imposible!

BEAUCHAMP. Eso mismo he dicho yo. Sin embargo, segun Danglars, parece que el conde de Monte-Cristo tiene una enemistad con vuestro padre.

MORCEF. Pues bien, vamos ahora mismo á ver al conde Monte-Cristo.

BEAUCHAMP. Un instante, Morcef; antes de verle, reflexionad.

MORCEF. Qué quereis que reflexione?

BEAUCHAMP. La gravedad del paso que vais á dar.

MORCEF. Es mas grave que el que hubiera dado yendo á encontrar á Danglars?

BEAUCHAMP. Sí, Danglars es un hombre millonario, y estos saben muy bien el capital que arriesgan batiéndose; el otro por el contrario, es un noble, en la apariencia al menos, y no temeis encontrar bajo el noble al bravo?

MORCEF. Lo único que temo encontrar es á un hombre que no se bata.

BEAUCHAMP. Oh! perded cuidado: este se batirá. Lo único que temo es que lo haga demasiado bien... Vuestra madre, Alberto.

MORCEF. Silencio, dejadnos solos.

ESCENA IX.

MERCEDES, MORCEF.

MERC. Qué tienes, Alberto, hijo mio? Estás pálido.. No sé, esta noche me parece que nadie está aquí contento: reina en todos los semblantes una tristeza, un aire de inquietud, qué sé yo? como si hubiera sobrevenido una gran desgracia.

Morcef. Es que en efecto ha sobrevenido una gran desgracia, madre mia. (*Sacando un periódico de su bolsillo.*) Leed.

Merc. Oh!

Morcef. Qué decís, señora?

Merc. Dios mio! Dios mio!

Morcef. Madre mia, conoceis algun enemigo del señor de Morcef?

Merc. Hijo mio, las personas que ocupan la posicion del conde tienen muchos enemigos, á quienes no conocen, y estos, como sabes, son los mas terribles.

Morcef. Lo sé, y por esto recurro á vuestra perspicacia; sois, madre mia, una muger tan superior, que nada se os oculta.

Merc. Porqué me dices eso?

Morcef. Escuchad; el conde de Monte-Cristo varias veces ha reusado comer en esta casa, no obstante haberle invitado; esta misma noche, á pesar del sofocante calor que reina en el salon, ni siquiera ha querido tomar un sorbete que le he ofrecido.

Merc. El conde de Monte-Cristo! y qué tiene que ver con la pregunta que me hacias?

Morcef. Bien sabeis, madre mia, que Monte-Cristo es casi un oriental, y que estos para conservar entera libertad en su venganza, ni comen, ni beben jamás en casa de sus enemigos.

Merc. El conde de Monte-Cristo nuestro enemigo, Alberto! Quién te lo ha dicho? y porqué? Estás loco? Monte-Cristo nos ha manifestado la mayor amistad: te ha salvado la vida y tú mismo me lo has presentado. Oh! hijo mio, si tienes semejante idea deséchala, y si puedo recomendarte, ó mejor dicho, rogarte una cosa, es que no dejes de ser su amigo. Pero dí, donde está tu padre? donde está el conde?

Morcef. En su gabinete tal vez, puesto que ha abandonado el salon en cuanto ha leido el periódico.

Merc. Oh! voy á verle. En tanto reflexiona bien lo que te he dicho, hijo mio.

ESCENA X.

Morcef, *que queda un momento pensativo en el proscenio miéntras que Mercedes se ha marchado por la derecha.* Monte-Cristo, Maximiliano y Beauchamp *que llegan del salon.*

Monte-Cristo. Magnífico baile, señores; el señor conde de Morcef se ha portado. Buenas noches, Alberto, como es que no os he visto en el salon?

Morcef. Porque os andaba buscando.

Monte-Cristo. A mi?

Morcef. Sí; y por cierto que temia que os ocultarais.

Monte-Cristo. Ocultarme yo! A qué viene esa chanza?

Morcef. Mi objeto no es el de chancearme, señor conde. Es por el contrario el de pediros una esplicacion.

Monte-Cristo. Una esplicacion en un baile! Aunque poco familiarizado con las costumbres de Paris, no me parece que sea este sitio el mas á propósito para pedir esplicaciones.

Morcef. Cuando uno teme que las personas se oculten, es preciso dirigirse á ellas donde quiera que se las encuentre.

Monte-Cristo. Van ya dos veces que me habeis hablado de ocultarme, y creo que esto es por vuestra parte una impertinencia, pues si mal no me acuerdo ayer estuvisteis en mi casa.

Morcef. Ayer estuve en vuestra casa, porque ignoraba quien erais.

Monte-Cristo. Habeis perdido el juicio señor de Morcef?

Morcef. Señor conde... (*sacando un guante y tratando de arrojarlo al conde, al propio tiempo que Maximiliano se adelanta y le impide la accion, cogiéndole de la mano.*)

Max. Alberto, querido amigo, estais en vos?

Monte-Cristo. (*Adelantándose y cogiendo el guante de entre las manos de Alberto*). Caballero, tengo por arrojado vuestro guante, y tendré el honor de enviároslo envuelto en una bala. (*Saluda á Alberto: este y Beauchamp se dirigen hácia el fondo.*)

ESCENA XI.

MONTE-CRISTO, MAXIMILIANO.

Max. Qué le habeis hecho?

Monte-Cristo. Yo? nada, personalmente, al menos...

Max. Y qué hareis de él?

Monte-Cristo. De quién?

Max. De Alberto.
Monte-Cristo. De Alberto? qué es lo que yo haré, Maximiliano? Tan cierto como estais aquí y aprieto vuestra mano, le mataré mañana antes de las diez: eso es lo que haré.

ESCENA XII.

DICHOS, BEAUCHAMP.

Monte-Cristo. Buenas noches, señor Beauchamp.
Beauchamp. Caballero, acompañaba hace un momento, como podeis haber visto, al señor de Morcef.
Monte-Cristo. Y bien?
Beauchamp. Convengo en que Morcef no ha tenido motivo para arrebatarse de aquel modo, pero os diré tambien, señor conde, que os creo demasiado caballero para rehusar darme alguna esplicacion de vuestras relaciones con los corresponsales de Janina.
Monte-Cristo. Vamos, he aquí todas mis esperanzas destruidas.
Beauchamp. Porqué?
Monte-Cristo. Sin duda; os habeis empeñado en crearme una reputacion de escentricidad... soy, segun vos, un Lara, un Manfredo, un lord Ruthwen, y despues de pasar por escéntrico, echais á perder vuestro tipo, pidiéndole esplicaciones. Vamos, señor Beauchamp, lo decís de broma?
Beauchamp. Con todo, hay ocasiones en que el honor manda...
Monte-Cristo. Señor Beauchamp, quien manda al conde de Monte-Cristo es el conde de Monte-Cristo; así pues, no hablemos mas de eso, si gustais: hago lo que quiero, y creedme, siempre es bien hecho.
Beauchamp. Señor conde, no se paga en esa moneda á hombres de honor, y este exije garantías.
Monte-Cristo. Yo soy una garantía viva. Ambos tenemos en nuestras venas sangre que descamos derramar: he aquí nuestra mútua garantía: llevad esta respuesta al vizconde, y decidle que mañana antes de las diez habré visto correr la suya.
Beauchamp. Solo me resta fijar las condiciones del combate.
Monte-Cristo. Me son absolutamente indiferentes, y era inútil venir á distraerme por tan poca cosa. En Francia se baten con la espada ó la pistola; en las colonias con la carabina, y en Arabia con el puñal. Decid á vuestro amigo que, aunque insultado, para ser escéntrico hasta el fin, le dejo el derecho de escoger las armas, y que aceptaré cualquiera, sin distincion; cualquiera, entendeis?... Todo, todo, hasta el combate por suerte que es lo mas estúpido; pues estoy seguro de una cosa, y es de ganar.
Beauchamp. Seguro de ganar?
Monte-Cristo. Ciertamente: sin esto no me batiria con el señor de Morcef. Le mataré; es preciso, y sucederá. Solamente os ruego que me envieis esta noche un recado, indicándome las armas y la hora; no me gusta que me esperen.
Beauchamp. La pistola, á las ocho de la mañana, en el bosque de Bolonia.
Monte-Cristo. Está bien.
(*Beauchamp saluda y se va.*)

ESCENA XIII.

MONTE-CRISTO, MAXIMILIANO.

Monte-Cristo. Ahora, Morel, cuento con vos, no es eso?
Max. Ciertamente, y podeis disponer de mí, conde; sin embargo...
Monte-Cristo. Qué?...
Max. Seria importante conocer la verdadera causa.
Monte-Cristo. Es decir, que rehusais?
Max. No.
Monte-Cristo. La verdadera causa! ese jóven marcha á ciegas y no la conoce. La verdadera causa solo la sabemos Dios y yo; pero os doy mi palabra de que Dios que la conoce, estará por nosotros.
Max. Eso me basta. Mañana á las siete y media estaré en vuestra casa. Ahora os dejo, porque veo asomar por allí á vuestro mayordomo Bertuccio, que sin duda tiene que hablaros.

ESCENA XIV.

MONTE-CRISTO, BERTUCCIO.

Bert. Escelencia...
Monte-Cristo. Está en el baile; debe precisamente pasar por este salon. Dios guie vuestra mano, señor Bertuccio.
Bert. Perded cuidado, escelencia.

ESCENA XV.

MONTE-CRISTO, en seguida MERCEDES.

MONTE-CRISTO. Se va completando mi obra: toco el fin de mi carrera... Dios ayuda á la buena causa.

MERC. *(que sale por la derecha, se dirige hácia Monte-Cristo, y se inclina ante él como si quisiera arrodillarse.)* Edmundo, Edmundo! no mateis á mi hijo!

MONTE-CRISTO. Qué nombre habeis pronunciado, señora de Morcef?

MERC. El vuestro, el vuestro que únicamente yo no he olvidado. Edmundo, no es la señora de Morcef la que os habla, es Mercedes.

MONTE-CRISTO. Mercedes murió, señora, y no conozco ya ninguna de ese nombre.

MERC. Mercedes vive, y Mercedes se acuerda de vos; no solo os conoció al veros, sino aun antes al sonido de vuestra voz: desde entonces os sigue paso á paso, vela sobre vos, os teme y no ha tenido necesidad de adivinar de donde ha salido el tiro que ha herido al señor de Morcef.

MONTE-CRISTO. Fernando, querreis decir, señora; puesto que nos acordamos de nuestros nombres propios, que sea de todos.

MERC. En vuestro sarcasmo, Edmundo, conozco que no me habia engañado, y que con razon os decia: no mateis á mi hijo!

MONTE-CRISTO. Y quién os ha dicho, señora, que yo quiero hacer daño á vuestro hijo?

MERC. La escena que ha tenido lugar aquí, y que he presenciado desde aquella puerta.

MONTE-CRISTO. Entonces, puesto que lo habeis visto todo, habreis visto tambien que el hijo de Fernando me ha insultado públicamente.

MERC. Oh! por piedad!

MONTE-CRISTO. Habreis visto que me hubiera arrojado el guante á la cara, si uno de mis amigos, el señor Morel, no le hubiese detenido el brazo.

MERC. Escuchadme; mi hijo todo lo ha adivinado, y os atribuye las desgracias de su padre.

MONTE-CRISTO. Señora, os equivocais; no son desgracias, es un castigo: no he sido yo, ha sido la providencia quien ha castigado al señor de Morcef.

MERC. Ah! terrible venganza por una falta que me ha hecho cometer la fatalidad; porque la culpable soy yo, Edmundo, y si queriais vengaros, debió ser de mí, que no tuve fuerzas para soportar la ausencia y mi soledad.

MONTE-CRISTO. Pero, por qué estaba yo ausente y vos sola?

MERC. Porque estábais detenido, Edmundo, porque estábais preso.

MONTE-CRISTO. Y por qué estaba yo preso?

MERC. Lo ignoro.

MONTE-CRISTO. Sí, vos lo ignorais, señora, así lo creo; pero voy á decíroslo. Me prendieron porque la víspera misma del dia en que iba á casarme con vos, sobre una mesa de la hostería de los Catalanes, un hombre llamado Danglars escribió esta carta, que el pescador Fernando se encargó de echar al correo. *(Sacando de su cartera un papel que entrega á Mercedes..*

MERC. *(Leyendo.)* «Señor procurador del rey! un amigo del trono y de la religion os previene que Edmundo Dantés, segundo del navio el Faraon que ha llegado esta mañana de Smirna, despues de haber tocado en Nápoles y en Porto Ferrajo, tuvo encargo de Marat de llevar un mensaje al usurpador, y que el usurpador le ha dado una carta para el comité bonapartista de París. Podrá probarse su delito prendiéndole porque se le encontrará la carta en sus bolsillos, en casa de sus padres, ó en su cámara á bordo del Faraon.» *dejando de leer.)* Oh! Dios mio! Dios mio! y esta carta..

MONTE-CRISTO. Me ha costado doscientos mil francos el poseerla, pero es barata aun puesto que hoy me permite disculparme á vuestros ojos.

MERC. Y el resultado de esta carta?...

MONTE-CRISTO. Lo sabeis, señora; fué mi prision; pero ignorais el tiempo que duró, ignorais que permanecí catorce años preso, á un cuarto de legua de vos, en un calabozo del castillo de If; ignorais que cada dia, durante estos catorce años, he renovado el juramento de venganza que hice el primero de ellos, y con todo, no sabia que os hubiéseis casado con Fernando, mi denunciador, y que mi padre hubiese muerto... de hambre.

MERC. Santo Dios!

MONTE-CRISTO. Pero lo supe al salir de mi prision y por Mercedes viva, y por mi padre muerto juré vengarme de Fernando, y me vengo.

MERC. Y estais seguro que el desgraciado Fernando ha hecho eso?

MONTE-CRISTO. Por mi vida que lo ha hecho

como os lo digo, señora. Y luego qué tiene eso de estraño para el hombre que se pasa á los ingleses, siendo Francés por adopcion? Para el hombre que siendo español de nacimiento, hace la guerra á los españoles; para el estipendiario de Alí, que le vende, y le asesina traidoramente? En vista de estos hechos, qué es la carta? Una intriga galante que debe perdonar, lo conozco y confieso, la mujer que se ha casado con ese hombre; pero que no perdona el amante que debió casarse con ella. Pues bien. los franceses no se han vengado del traidor, los españoles no le han fusilado; Alí desde su tumba ve sin castigo al asesino: pero yo, engañado, asesinado, enterrado vivo en una tumba, he salido de ella, gracias á Dios; á él debo venganza, me envia para eso, y héme aquí.

Merc. Perdonad, Edmundo; perdonad por Mercedes!

Monte-Cristo. Que no destruya á esa raza maldita!... Que desobedezca á Dios que me ha sostenido para su castigo!... Imposible, condesa de Morcef. imposible!

Merc. Edmundo! Edmundo! cuando os llamo por vuestro nombre, porqué no me respondeis Mercedes?

Monte-Cristo. Mercedes! Mercedes! sí, teneis razon, aun es grato y dulce para mí este nombre; y hé aquí la vez primera que, despues de mucho tiempo, tan claro resuena en mis oidos al salir de mis labios. Oh! Mercedes! vuestro nombre le he pronunciado con los suspiros de la melancolía. con los quejidos del dolor, con el furor de la desesperacion, le he pronunciado, helado por el frio, hundido entre la paja de mi calabozo, devorado por el calor, revolcándome en las losas de mi prision. Mercedes, es preciso que me vengue, porque durante catorce años mucho he sufrido, mucho he llorado, mucho he maldecido! Os lo repito, preciso es que me vengue.

Merc. Vengaos, Edmundo; vengaos sobre los culpables, sobre él, sobre mí; pero no sobre mi hijo.

Monte-Cristo. Está escrito en un libro santo, señora: las faltas de los padres caerán sobre sus hijos hasta la tercera y cuarta generacion.

Merc. Edmundo! Edmundo! desde que os conozco he adorado vuestro nombre, respetado vuestra memoria. Oh! no borreis la noble y pura imágen que tengo en mi corazon. Si supiéseis los fervientes ruegos que he dirigido á Dios interin os creí vivo, y despues muerto!.. Sí, muerto: me parecia ver vuestro cadáver sepultado en lo mas hondo de una sombría torre, creí ver vuestro cuerpo precipitado en uno de aquellos abismos en que los carceleros arrojan á los presos muertos!... Qué otra cosa podia yo hacer, Edmundo, sino llorar y orar? Escuchadme, durante diez años he tenido todas las noches el mismo sueño; dijeron que habiais querido escaparos, que tomasteis el lugar de uno de los presos que murió; que os arrojaron vivo desde lo alto de la fortaleza de If, y que el grito que disteis al haceros pedazos contra la rocas lo descubrió todo. Pues bien, Edmundo, os juro por la vida del hijo por quien os imploro, que durante diez años esa escena se ha presentado á mi imaginacion todas las noches, y he oido ese grito terrible que me hacia despertar temblando y despavorida; porque yo tambien, Edmundo, creedme, yo tambien, por criminal que sea, he sufrido mucho.

Monte-Cristo. Habeis perdido vuestro padre estando ausente? Habeis visto al hombre que amabais dar su mano á vuestra rival, mientras estábais en un hondo calabozo?

Merc. No, no, pero he visto al que amaba pronto á ser el matador de mi hijo.

Monte-Cristo. Qué me pedís? que vuestro hijo viva? Pues bien, vivirá.

Merc. Ah! gracias, gracias! Edmundo: te veo cual siempre te he visto. cual siempre te he amado. Sí, ahora puedo decirlo.

Monte-Cristo. Tanto mas cuanto que al pobre Edmundo no le queda mucho tiempo para hacerse amar de vos.

Merc. Qué decís?

Monte-Cristo. Digo, que puesto que lo mandais, es preciso morir.

Merc. Morir! y quién dice eso? Quién habla de morir? De donde dimanan esas ideas de muerte?

Monte-Cristo. Ultrajado publicamente, á presencia de un salon entero; á presencia de vuestros amigos y de los de vuestro hijo, provocado por un niño que se envanecerá de un perdon como de una victoria, no supondreis, que me quede un solo instante el deseo de vivir. Lo que mas he amado despues de vos, Mercedes, es á mi mismo; quiero decir mi dignidad, esta fuerza que me hace superior á los demás hombres, esta fuerza es mi

4

vida. Vos la destruís, yo muero.

MERC. Pero ese duelo no se verificará, Edmundo, puesto que perdonais?

MONTE-CRISTO. (*Solemnemente*) Se verificará, señora, solo que en lugar de empapar la tierra la sangre de vuestro hijo, será la mia la que correrá.

MERC. Lo que acabais de decir, Edmundo, es grande y sublime; hay un Dios sobre nosotros, puesto que vivís y os he vuelto á ver; me he confiado á él de todo corazon: esperando su apoyo, descanso en vuestra palabra: habeis dicho que mi hijo vivirá: vivirá, no es verdad?

MONTE-CRISTO. Vivirá, si señora.

MERC. Edmundo, vereis que si mi frente ha palidecido, si el brillo de mis ojos se ha apagado, si mi hermosura se ha marchitado; que si Mercedes no se parece á ella mas que en los rasgos de su fisonomía, pronto vereis que tengo siempre el mismo corazon!.. Adios, pues, Edmundo, nada tengo ya que pedir al cielo: os he vuelto á ver, y os hallo tan noble y grande como otras veces. Adios, Edmundo, adios, y gracias! (*Vase.*)

MONTE-CRISTO. Fuí un insensato en no haberme arrancado el corazon el dia que juré vengarme.

ESCENA XVI.

MONTE-CRISTO, MORCEF.

MORCEF. Caballero, acabo de oirlo todo: mi madre me habia encargado que escuchara vuestra conversacion, y como de antemano sabia ya cual seria vuestra respuesta, habia apelado á mi corazon para el desenlace. Os he provocado, señor conde, porque habeis divulgado la conducta del señor de Morcef en Epiro; por culpable que fuese mi padre no os creía á vos con derecho para castigarle; pero hoy sé que teneis ese derecho. No es la traicion de Fernando Mondego con Alí bajá lo que me hace disculpar vuestra conducta, es sí la traicion del pescador Fernando con vos, y las desgracias inauditas que produjo; á mi pesar conozco que teneis razon para vengaros de mi padre.

MONTE-CRISTO. Admito las escusas que acabais de darme, Alberto: sois un hijo noble, y un caballero pundonoroso.

(*Alberto se va.*)

MONTE-CRISTO. Siempre la providencia! Ah! Desde hoy sí que creo ciertamente ser el enviado de Dios.

ESCENA XVII.

MONTE-CRISTO, FERNANDO.

(*Fernando sale por la derecha y llama á Monte-Cristo, en el momento en que este va á salir por la puerta de la izquierda.*)

FERN. Señor conde de Monte-Cristo!

MONTE-CRISTO. Ah! es el señor de Morcef!

FERN. Habeis tenido esta noche un lance con mi hijo, caballero.

MONTE-CRISTO. Sabeis eso?

FERN. Y sé que mi hijo tenia escelentes razones para batirse con vos, y hacer cuanto pudiera para mataros.

MONTE-CRISTO. Las tendria, no digo que no; pero vos no sabeis que á pesar de ellas, no solo no me matará, sino que ni aun se batirá.

FERN. Y con todo, os creia la causa de la deshonra de su padre, y de las desgracias que abruman su casa en la actualidad.

MONTE-CRISTO. Verdad es, causa secundaria, pero no principal.

FERN. Le habreis dado, sin duda, alguna escusa, ó esplicacion...

MONTE-CRISTO. No le he dado ninguna esplicacion, y él es quien me ha presentado sus escusas.

FERN. Pero á qué atribuir semejante conducta?

MONTE-CRISTO. A la conviccion de que habia en este asunto un hombre mas culpable que yo.

FERN. Y quién es ese hombre?

MONTE-CRISTO. Su padre.

FERN. Sea; pero sabeis que á nadie gusta el verse convencido de culpabilidad.

MONTE-CRISTO. Lo sé, y por eso esperaba lo que sucede en este momento.

FERN. Esperábais que mi hijo fuera un cobarde?

MONTE-CRISTO. Alberto de Morcef no es un cobarde.

FERN. Un hombre que tiene una espada en la mano, que ante su punta ve á un enemigo mortal y no se bate, es un cobarde. Ah! porqué no está aquí para poder decírselo?

MONTE-CRISTO. Caballero, no pienso que hayais venido á contarme vuestros negocios de familia: id á decir eso á Alberto, que él sabrá contestaros.

Fern. No, no, teneis razon; no he venido para eso: he venido para deciros que tambien os miro como á enemigo; que os odio por instinto; que me parece que os he conocido siempre, y siempre os he aborrecido; y que, en fin, puesto que los jóvenes de este siglo no se baten, debemos batirnos nosotros... Sois de mi opinion?

Monte-Cristo. Perfectamente: por eso cuando os dije que habia previsto lo que sucederia, queria hablar del honor de vuestra invitacion.

Fern. Tanto mejor, entonces tendreis hechos vuestros preparativos?

Monte-Cristo. Lo están siempre.

Fern. Sabeis que nos batiremos á muerte?

Monte-Cristo. Es decir, hasta que muera uno de los dos.

Fern. Partamos, no tenemos necesidad de testigos.

Monte-Cristo. En efecto es inútil, nos conocemos muy bien.

Fern. Al contrario, yo creo que no nos conocemos.

Monte-Cristo. (*Desdeñosamente.*) Bah! no sois vos el soldado Fernando, que desertó la víspera de la batalla de Waterlóo? el teniente Fernando que sirvió de guia y espia al ejército francés en España? el capitan Fernando que vendió y asesinó á su bienhechor Alí? y todos estos Fernandos reunidos no son el teniente general, conde de Morcef, par de Francia?

Fern. Oh! miserable, que me echas en cara mis faltas en el momento en que quizá vas á matarme; no, no, he dicho que te era desconocido; pero tú has penetrado en la noche de mi pasado, y has leido á la luz de una lámpara misteriosa, cada página de mi vida: pero quizás hay mas honor en mí, en medio de mi oprobio que en tí bajo ese pomposo aspecto. Me conoces, lo sé; pero en cambio yo ignoro quien eres tú, aventurero lleno de oro y pedrerías; tú que te haces llamar en Paris el conde de Monte-Cristo, en Italia Simbad el marino, y en Malta.. qué se yo? ya lo he olvidado. Tu nombre es lo que pido, el verdadero de tus cien nombres, á fin de poderlo pronunciar sobre el terreno del combate en el momento en que elave mi espada en tu corazon.

Monte-Cristo. Fernando, de mis cien nombres, basta uno solo para herirte como el rayo; pero este lo adivinas, ó por lo menos te acuerdas de él, porque á pesar de mis penas, de mis martirios, te enseño hoy un rostro que la dicha de la venganza rejuvenece; un rostro que muchas veces debes haber visto en sueños, despues de tu matrimonio con Mercedes que era mia. Edmundo Dantés, Fernando! Edmundo Dantés! te acuerdas ahora?

Fern. (*retrocediendo pálido y azorado hasta la puerta de su cuarto, y precipitándose en él.*) Edmundo Dantés! Oh! justicia, justicia de Dios!

Monte-Cristo. (*Luego que Fernando ha desaparecido.*) Sí, sí, justicia de Dios!

(*En el mismo instante que Monte-Cristo desaparece por la puerta de la izquierda, se oye una detonacion en el cuarto de Morcef. Acuden presurosos los convidados que estaban en el salón de baile, y en el momento en que todos se agrupan á la puerta de la habitacion del conde, Villefort, á quien atraia como á los demás el ruido de la detonacion, se encuentra cara á cara con Bertuccio.*)

ESCENA XVIII.

Mercedes, Morcef, Villefort, Bertuccio, señoras y caballeros, *en seguida* Monte-Cristo.

Merc. Dios mio! qué habrá sucedido?

Morcef. (*precipitándose en el cuarto de su padre, y volviendo á salir de él inmediatamente.*) Mi padre! oh! mi padre se ha suicidado!

Merc. (*Cayendo desmayada en brazos de unas señoras.*) Oh!

Bert. (*Encontrándose con Villefort.*) Señor de Villefort, procurador del rey, me conoceis?

Vill. No, por cierto.

Bert. Gerardo de Villefort, soy Cayetano Bertuccio, el que hace años te declaró la vendetta... Toma, por la muerte de mi hermano. (*Le dá una puñalade; Villefort cae lanzando un grito ahogado. Bertuccio huye. De los convidados, algunos corren en su seguimienco, otros se apresuran á socorrer á Villefort, que es ya cádaver, los demás permanecen en el proscenio, junto á Mercedes y Morcef. Cuadro general.*

Monte-Cristo. (*que desde el umbral de la puerta contempla impasiblemente la escena.*) Dos!

ACTO TERCERO.

La escena en Marsella. El gabinete de Morel.

ESCENA PRIMERA.

JULIA, MOREL.

Jul. Ah! Gracias á Dios, padre mio! con cuanta impaciencia te aguardaba! Has tenido buen viaje?

Mor. Ah!

Jul. Dí; has sido mas venturoso que la vez que te acompañé? — No contestas? Acaso no tienes confianza en tu hija?...

Mor. Tengo confianza en tí, pobre hija mia, cuando hay buenas nuevas que participarte; pero á qué comunicarte mis esperanzas, cuando mis esperanzas se cambian en angustias y en dolores?

Jul. Pero en fin, ese viaje...

Mor. Inútil. Estaba ya otra vez decidido á hablar á Danglars, que nos debe su fortuna, puesto que le hemos adelantado los primeros fondos; pero la desgracia le persigue: parece que la fatalidad ha querido jugar con él, y en tres meses ha derribado su altanería y su fortuna. A propósito de Danglars, se cuentan cosas estrañas; se dice que al ir camino d Italia con cinco millones en el bolsillo, le sorprendieron unos ladrones, los cuales, encerrándole en una cueva, solo mantuvieron su hambre mediante un millon cada dia. Pobre Danglars! cara le salió la comida. Pero no es esto lo mas estraño, estos cinco millones han ido á parar á los hospitales de Paris, entre los cuales han sido repartidos por una mano desconocida.

Jul. Y qué se sabe de Danglars?

Mor. Nada, ó casi nada. Sin embargo, he oido decir como que se habia vuelto loco.

Jul. Loco! pobre infeliz!

Mor. Pobre afortunado! con la locura se olvida todo.

Jul. Pero en fin, hablemos de tí, padre mio; tu viaje ha sido inútil, de modo que...

Mor. De modo que hoy es el cinco de setiembre, y son las diez de la mañana.

Jul. Donde vas, padre mio?

Mor. A mi gabinete.

Jul. A qué?

Mor. Voy á buscar un papel que me hace falta, hija mia.

Jul. Quieres que vaya yo á buscártelo?

Mor. No, gracias. Tengo que ir yo mismo.

ESCENA II.

JULIA, *en seguida* MAXIMILIANO.

Jul. Algo hay de estraño en la manera como me habla hoy mi padre. (*dirijiéndose á la puerta por donde se ha marchado Morel.*) Si pudiera ver por el ojo de la cerradura... (*Bajándose y mirando.*) Se pone á escribir... y en papel sellado... Oh! Dios mio! Dios mio! si tratará de hacer su testamento?.. Me oprime el corazon una idea cruel... Afortunadamente he escrito á Maximiliano que viniera, y no puede tardar, porque el carruaje de Nimes llega á las diez en punto... Ah! ahí está; bien decia yo!

Max. Julia! querida Julia! Qué sucede en esta casa? Veo pintada en todos los rostros una espresion que no me agrada por cierto.

Jul. Qué sucede, preguntas Maximiliano? Sucede que hoy es el 5 de Setiembre, que hoy es el dia que vence el plazo de una fuerte suma y que mi padre no tiene con qué pagar.

Max. Dios mio!

Un criado. (*apareciendo*) Señorita...

Jul. Qué hay?

Criado. Un desconocido acaba de entregarme esta carta, encargándome que no sea abierta mas que por vos sola.

Jul. Por mi sola!

Criado. Ha añadido que se trataba de la vida de vuestro padre.

Jul. De la vida de mi padre! Dadme... dadme... (*Leyendo*) «Idos sin pérdida de tiempo «á la calle de Meilhan, entrad en la casa nú- «mero 15 y pedid al portero la llave del quin- «to piso; subid á la habitacion, tomad un «bolsillo de seda encarnada que hallareis sobre «el mármol de la chimenea y llevadlo á vues- «tro padre. Es importante que tenga este bol- «sillo antes de las once. Si se presentara otra

« persona que no fuerais vos, ó si fuerais
« acompañada, el portero contestará que no
« sabe de que se le habla. » Sin firma!

Max. Piensas ir á donde dice esa carta?

Jul. Ciertamente.

Max. Te acompañaré.

Jul. No has oido? « Si se presentara otra persona que no fuerais vos, ó si fuerais acompañada, el portero contestará que no sabe de que se le habla. »

Max. Una voz secreta me dice que de este paso depende quizá nuestra felicidad. Vé pues, y que Dios te guie, hermana mia. (*Vanse.*)

ESCENA III.

MOREL en seguida DANGLARS.

Mor. (*que se adelanta cabizbajo y se sienta en un sillon.*) Tengo escrito ya mi testamento. Dios me perdone mi suicidio, pero es el único medio que puede salvar mi honor. Oh! he padecido mucho, mucho. Así tambien acabarán de una vez mis sufrimientos. (*Danglars aparece en la puerta, pálido, muy envejecido, en desórden los cabellos y cubierto de harapos.*) Quién anda ahí?.. He dicho que se me dejara solo. (*Volviéndose*) Un mendigo!

Dang. Sí, un mendigo, señor Morel.

Mor. Esa voz...

Dang. La conoceis, no es cierto? No lo estraño: conoceis mi voz, porque Dios ha querido que solo la voz del hombre sea lo que no puede sufrir alteracion.

Mor. Dios mio! Dios mio! Quién sois?

Dang. Hace tres meses me llamaban el baron Danglars.

Mor. Danglars! Ah! sí ya me acuerdo; me han contado una aventura horrible; me dijeron tambien que os habiais vuelto loco...

Dang. Poco ha faltado. Oid mi historia, señor Morel. Habia salido de Paris con cinco millones, resto de mi fortuna que desapareciera como un soplo cual si una mano invisible me la hubiera ido poco á poco arrebatando. Los cinco millones en billetes de banco estaban metidos en mi cartera. Al llegar á las inmediaciones de Roma caí prisionero en manos de unos bandidos cuyo gefe era un tal Luis Vampa: sin robarme nada, me llevaron á una cueva, me sepultaron en ella y en seguida parecieron haberse olvidado de mí. A las veinte y cuatro horas sentí el aguijon del hambre, llamé, se me presentó un bandido; le pedí pan y agua y me exijió en cambio un millon. Un millon! comprendeis, señor Morel? Creí que se chanceaba y dije que queria ver al gefe. Se presentó este. — Cuánto quereis por mi rescate? le pregunté. — Nada mas que los cinco millones que llevais. — No poseo mas que esto en el mundo, le contesté. Si me los quitais, quitadme la vida. — Nos está prohibido verter vuestra sangre — me dijo entonces. — Y por quién? — Por el que nos manda, me contestó. — Obedeceis á alguno? — Sí, á un superior. — Creia que vos lo erais? pregunté de nuevo. — Soy el gefe de estos hombres, me dijo, pero otro lo es mio. — Y ese gefe obedece á alguno? — Sí. — A quién? — A Dios, me dijo solemnemente. Confiesoos, señor Morel, que no le comprendí. Tanto como me fué posible, resistí el hambre devoradora que en mi se dispertaba, pero por fin, postrado, sediento, dí un millon en cambio del cual me dieron pan y agua. Al dia siguiente otro millon por otro pedazo de pan. A los tres dias lo mismo. Cinco pedazos de pan y cinco vasos de agua me costaron cinco millones.

Mor. Infeliz!

Dang. Sí, teneis razon: infeliz! muy infeliz por cierto. Cuando me hubieron quitado mi fortuna, les pedí que me matasen pero diciendo siempre que eran emisarios de una voluntad superior la cual les impedia verter mi sangre, me sacaron de aquella condenada cueva dejándome en mitad del camino. Traté de volverme á Francia, á Marsella, al pais donde habia empezado mi fortuna. Yo no sé como, ni por donde, ni de que manera he venido. Solo sé que estoy hambriento y que pido limosna.

Mor. Señor Danglars, pobre y miserable como estais no tardareis en abandonar la casa á que os habeis refujiado, la casa que Dios ha maldecido como la vuestra. Sin embargo, quedaos aquí. Esta es mi mano, la mano de un amigo leal y verdadero.

Dang. Os vengais noblemente. No hace mucho tiempo que habiendo acudido vos á mí, solo tuvieron mis labios palabras de humillacion y desprecio. Oh! es una noble venganza la vuestra, señor Morel.

Mor. He olvidado ya lo que quereis recordar. Aguardadme aquí. Vendré pronto á despedirme de vos.

Dang. A despediros! Os vais pues?

Mor. Sí.

Dang. Será largo vuestro viaje?
Mor. Muy largo.
Dang. A donde vais?
Mor. A la eternidad. (*Vase.*)

ESCENA IV.

DANGLARS, MONTE-CRISTO *en seguida.*

Dang. Qué querrá decir? Oh! he padecido tanto que casi no puedo ya compadecer. Ayer... ayer era millonario, nadaba en el oro y en la abundancia, y hoy... hoy pido limosna. (*Monte-Cristo aparece en la puerta.*) De contador á banquero, de banquero á mendigo... Dios mio! iluminad mi corazon, decidme quien me ha robado mi fortuna, quien me ha precipitado en el abismo en que me encuentro?

Monte-Cristo. (*adelantándose*) Yo, caballero.

Dang. El señor conde de Monte-Cristo!

Monte-Cristo. El mismo, señor baron. Vengo á aclarar algunos puntos y algunas épocas de vuestra vida que deben pareceros oscuros. No pediais á Dios que os dijera el nombre del que os ha precipitado en el abismo, del que ha hecho de vos, banquero y diputado, un mendigo y pordiosero, del que ha trocado en miseria vuestra grandeza, en harapos vuestro oro? Pues bien, yo os lo diré.

Dang. Vos!

Monte-Cristo. Yo. Hace dos meses una noticia falsa comunicada por un telegrafo os hizo perder dos millones en la baja. Se dijo que un hombre habia comprado al encargado del telégrafo. Este hombre fuí yo.

Dang. Vos!

Monte-Cristo. Sin saber como ni porque, sin que nadie pudiera sospecharlo, quebró la casa Franz y Volmand de Francfort envolviéndoos en su quiebra por una suma considerable. Yo fui quien por medio de una arriesgada operacion hice quebrar la indicada casa.

Dang. Vos!

Monte-Cristo. Yo soy en fin el superior á quien os dijeron que obedecian los bandidos de Vampa.

Dang. Pero quién sois, Dios mio? Qué fatalidad os ha lanzado en mitad de mi camino? De quién habeis recibido órdenes y poder para variar el curso de mi estrella?

Monte-Cristo. De Dios.

Dang. Dios! siempre Dios! Conde de Monte-Cristo...

Monte-Cristo. Os equivocais, no soy el conde de Monte-Cristo. Mirad mejor y mas lejos.

Dang. Quién sois pues, decid?

Monte-Cristo. Soy el que habeis vendido, y deshonrado; cuya querida prostituisteis; sobre el que os habeis alzado con una gran fortuna; cuyo padre hicisteis morir de hambre condenándome tambien á mí á morir del mismo modo; soy, en fin, el espectro de un desgraciado que sepultasteis en el castillo de If, espectro salido de la tumba, al que Dios ha puesto la máscara de conde de Monte-Cristo y le ha cubierto de diamantes y oro para que no le reconozcais hoy. Soy en fin...

Dang. Ah! lo sé. lo sé ya, no pronuncieis ese nombre... Ese nombre me asesina.

Monte-Cristo. Soy Edmundo Dantés! para los demás una venganza vulgar, la muerte, pero para vos causa de todos mis males lo que es mas horrible que la muerte, la locura.

Dang. (*Cae de rodillas como herido por un rayo, pero no tarda en levantarse delirando, desencajado el rostro, perdida la razon.*) Dantés... Donde está Dantés? Quiero verle, quiero hablarle... Ah! en el castillo de If! Tanto mejor, así no será capitan del Faraon. (*Corriendo precipitadamente por el teatro y saliendo de la escena.*) Edmundo! Donde está Edmundo? Ah! á bordo tiene una carta del usurpador... Corramos á bordo.. Edmundo!
(*Vase corriendo.*)

Monte-Cristo. (*Cruzandose de brazos y mirándole partir.*) Tres!
(*Sale Bertuccio.*)

Bert. Escelencia!

Monte-Cristo. Qué traes mi fiel Bertuccio? (*Bertuccio dice dos palabras al oido del conde.*)

Monte-Cristo. Oh!.. bien — yo ya he entregado la carta. Demasiado veneno ha derramado ya mi corazon: busquemos ahora el bálsamo. (*Vanse.*)

ESCENA V.

MOREL, *en seguida* MAXIMILIANO.

Mor. (*con una coja de pistolas que deja encima la mesa.*) No está ya Danglars. Se habrá cansado de esperar. Derrame Dios sobre su cabeza la felicidad que á mí me roba. Acabemos. (*Abre la caja y saca un par de pistolas. Maximiliano que entra en aquel instante se le acerca silenciosamente.*)

Max. Padre mio, esas pistolas...

Mor. Ah! Maximiliano!.. mi hijo! Solo me faltaba este último golpe.

Max. Esas armas, padre mio! En nombre del cielo, para qué queriais esas armas?

Mor. (*levantando la cabeza y mirando á su hijo.*) Maximiliano, eres hombre, y hombre de honor... Voy á decírtelo. (*Abriendo un libro de caja.*) Mira.

Max. Qué?

Mor. Dentro de media hora tengo que pagar trescientos mil francos... solo hay en caja quince mil: mira, la decision de los números es irrevocable... Nada tengo que añadir.

Max. Y habeis hecho cuanto os ha sido posible, padre mio, para evitar esta desgracia?

Mor. Sí.

Max. Ningun dinero debe entrar en caja?

Mor. Ninguno.

Max. Habeis apurado todos vuestros recursos?

Mor. Todos.

Max. Y dentro de media hora queda deshonrado nuestro nombre?

Mor. La sangre lava el honor.

Max. Teneis razon, padre mio, y os comprendo. (*estendiendo su mano hácia las pistolas*) Aquí hay una para vos y otra para mí. Gracias!

Mor. Y tu hermana? tu pobre hermana... quién la servirá de padre?

Max. Padre mio; mirad que me decís que viva.

Mor. Si, té lo digo, porque es tu deber. Tú tienes serenidad y firmeza, Maximiliano... tú no eres un hombre comun... Nada te mando, nada te ordeno; solamente te digo: examina la situacion como si fueras estraño á ella, y júzgala por tí mismo.

Max. (*quitándose sus charreteras.*) Está bien, padre mio, viviré.

Mor. (*Abrazándole.*) Ah! tú sabes que no es culpa mia...

Max. Sé, padre mio, que sois el hombre mas honrado que jamás conocí.

Mor. Bien; no hay mas que hablar... Ahora vuélvete al lado de tu hermana.

Max. (*doblando la rodilla.*) Padre mio, dadme vuestra bendicion!

Mor. (*Besando dos ó tres veces á su hijo en la frente.*) Oh! sí, sí... yo te bendigo en mi nombre, y en el de tres generaciones de hombres irreprehensibles !.. Escucha pues lo que ellos te dicen por mi boca. La providencia puede restablecer el edificio destruido por la desgracia: al verme morir de semejante muerte, los mas inexorables tendrán compasion de tí... Tal vez á tí te concedan el tiempo que no me hubieran concedido á mí... En ese caso, hijo mio, procura que la palabra infame no llegue á ser pronunciada... Afánate, trabaja, jóven, lucha ardientemente y con valor... Vivid, tu hermana y tú, solo de lo estrictamente necesario, á fin de que dia por dia el bien de aquellos á quienes debo, se aumente y fructifique entre tus manos... Piensa que será un dia hermoso, un dia grande, un dia solemne el de la rehabilitacion; el dia en que sentado en este mismo bufete, digas: señores, mi padre murió porque no podia hacer lo que hoy hago yo; pero murió tranquilo y sereno, porque sabia al morir que yo lo haria.

Max. Oh! padre mio, padre mio! con todo si pudieseis vivir!

Mor. No, no; porque si vivo, todo cambia: el interés se trueca en duda, la compasion en desprecio... Si vivo, no soy mas que un hombre que ha faltado á su palabra, á sus compromisos, que ha hecho bancarrota; pero si muero, al contrario. Maximiliano, mi cadáver es el de un hombre honrado é infeliz. Vivo, mis mejores amigos desertarán de mi casa; muerto, Marsella entera me seguirá hasta mi última morada: vivo, te avergonzarias de llevar mi nombre; muerto, levantarás erguida la cabeza y dirás: soy el hijo del que se ha suicidado, porque por primera vez ha tenido que faltar á su palabra.

Max. Oh! padre mio, padre mio!

Mor. Ahora, déjame solo.

Max. No quereis volver á ver á mi hermana, padre?

Mor. La he visto esta mañana, y la he abrazado ya.

Max. Teneis que hacerme algunas recomendaciones particulares?

Mor. Si por cierto, hijo mio, una recomendacion sagrada.

Max. Decid.

Mor. La casa Thompson y French, es la única que ha tenido consideracion conmigo. Su comisionado, el mismo que dentro de diez minutos se presentará para cobrar una letra de trescientos mil francos, no te diré que me concedió, pero sí que me ofreció tres meses.. Sea pues reembolsado esa casa la primera, hijo mio; séate sagrada ese hombre.

Max. Si, padre mio.

Mor. Y ahora, adios! Encontrarás mi testamento en la cómoda de mi alcoba.

Max. Oh! Dios mio! Dios mio!

Mor. Oye, Maximiliano.. Suponte que yo fuera soldado, como tú... que hubiera recibido la órden de atacar un reducto... que tú supieras de cierto que yo habia de morir en la refriega... acaso, no me diriais: Id. padre mio, porque os deshonrariais quedándoos aquí, y mas vale la muerte que la deshonra.

Max. Sí, sí, id, padre mio! (*se lanza fuera del aposento.*)

ESCENA VI.

MOREL, *en seguida* JULIA.

Mor. Y ahora, Dios mio, acabemos.
(*Toma una pistola: Dan las once.*)

Jul. (*Entrando apresurada.*) Padre mio! padre mio! estais salvado.

Mor. Dios mio! qué?... qué hay?

Jul. Esta bolsa!... esta bolsa... mirad!

Mor. Mi letra pagada!.. un diamante!... « Dote de Julia. » Qué quiere decir esto? Veamos, hija mia... esplícate: donde has encontrado esta bolsa?

Jul. En una casa de la calle de Meilhan... n.° 15... en el quinto piso... encima del marmol de la chimenea...

Mor. Era la habitacion del viejo Dantés!... Esta bolsa es la que yo le dejé la víspera de su muerte.

Jul. Tomad, leed.

Mor. Qué es esto?

Jul. Una carta que un desconocido ha dejado en casa esta mañana.

Mor. (*Leyendo.*) « Idos sin pérdida de tiempo á la calle de Meilhan, entrad en el número 15, y pedid al portero la llave del quinto piso. Subid á la habitacion, tomad un bolsillo de seda encarnada, que hallareis sobre el mármol de la chimenea, y llevadlo á vuestro padre; es importante que lo tenga antes de las once.»

ESCENA VII.

DICHOS, MAXIMILIANO.

Max. Padre mio! padre mio! no me dijísteis que el Faraon habia naufragado?

Mor. Ay! demasiado cierto es por mi desgracia.

Max. Os engañais: el Faraon está entrando en el puerto.

Mor. Estás loco?

Max. No, señor, no, mirad, desde esta ventana podreis verlo. (*Todos se acercan á la ventana.*)

Mor. La gente se agrupa en el muelle,.. En efecto, un buque está entrando á toda vela... es enteramente nuevo.., « El Faraon, Morel é hijos de Marsella».... (*Toma un anteojo*) Oh! hay milagro, hay milagro, hijos mios! Pero como puede ser esto? Que angel salvador me liberta de una muerte inevitables?

ESCENA ÚLTIMA.

DICHOS EL CONDE DE MONTE-CRISTO.

Monte-Cristo. Edmundo Dantés!

Mor. (*Asombrado*) El conde de Monte-Cristo!

Monte-Cristo. Para los infames que tan vilmente me han atormentado que con tanta crueldad me han perseguido he sido el conde de Monte-Cristo, pero para vos mi libertador, mi amigo, siempre soy Edmundo Dantés. (*Arroja la capa ó paletot que le cubria y descubre el trage de marino que llevó en la 1.ª parte.*)

Todos. Edmundo Dantés!

Mor. (*abrazando á Edmundo y á sus hijos*) Hijos! hijos mios! bendita sea la providencia de Dios!

FIN.

ADVERTENCIA INTERESANTE.

El editor de esta Bliblioteca suplica á los señores directores que pongan en escena este drama, se sirvan añadir lo siguiente:

En la página 14, columna segunda, línea 29, después de haber dicho Morel: Nadie le ha visto, debe continuar:

Un dia corrió la voz en Marsella que habia muerto, y muerto de una manera estraña y singular. Catorce años, señora, catorce años estuvo enterrado en vida en el castillo de If. Parece que durante este tiempo consiguió, Dios sabe como, agujerear la pared en un sitio que fácilmente podia ocultar con su cama, y abrirse paso hasta llegar á la prision de un abate llamado Faria, si no mienten mis recuerdos. Reuniendo aquellos dos infelices sus esfuerzos, trataron de fugarse; pero la muerte sorprendió á uno de los presos en los aprestos de su fuga. El abate murió, y entonces, comprended esto, señora! el que quedó vivo tomó el lugar del muerto, y fué precipitado por los sepultureros al mar, desde lo alto del castillo de If.

MER. (*Ocultándose el rostro con ambas manos.*) Infeliz!

MOR. No es cierto que fué muy infeliz, señora?

MER. Sí, sí, murió! Cómo podria ser otra cosa. Y sin embargo, no hace muchos dias, en la ópera etc.

Luego la escena XIII del acto segundo, debe sustituirse con la siguiente:

ESCENA XIII.

MONTE-CRISTO, MOREL.

MONTE-CRISTO. Ahora, Morel, cuento con vos, no es verdad?

MAX. Ciertamente, y podeis disponer de mí, conde; sin embargo...

MONTE-CRISTO. Tendriais acaso deseos de rehusar?

MAX. En manera alguna; pero seria importante conocer la verdadera causa.

MONTE-CRISTO. La verdadera causa! Ese jóven marcha á ciegas y no lo conoce. La verdadera causa solo la sabemos Dios y yo; pero os doy mi palabra que Dios que la conoce estará por nosotros.

MAX. Esto me basta. Sois un hombre superior, señor conde, y en vano trataria de sondear el misterio en que se halla envuelta vuestra vida.

MONTE-CRISTO. El misterio en que está envuelta mi vida, Maximiliano! No os dejeis dominar por las romancescas ideas que hacen nacer la escentricidad de mis acciones. Mi vida, es la vida de todos los hombres de corazon que á través de amargas decepciones han llegado á la edad madura; y esa superioridad que vos me concedeis, es no mas que la corteza de hielo con que he envuelto yo mi pobre corazon.

MAX. Pero mucho habreis sufrido conde...

MONTE-CRISTO. Oh! sí, mucho he sufrido, Maximiliano; y bien puedo deciroslo á vos, bien puedo para vos despojarme de mi fingida armadura, y, quitándome la máscara, presentarme á vuestros ojos tal como soy en sí. Sí, Maxiliano, todo puedo deciroslo á vos, á vos hijo de un hombre honrado cuya reputacion de acrisolada probidad no ha sido nunca desmentida ni puesta en duda.

MAX. Conde...

MONTE-CRISTO. (*Sin oirle y entregado á sus recuerdos.*) Catorce años, entendeis, jóven? catorce años he permanecido enterrado en una tumba, y puesto que no tardará en llegar el dia de las revelaciones y de la venganza, bien puedo empezar para vos, para vos solo, á descorrer el manto que encubre mi pasada vida.—Denunciado vil y cobardemente, aherrajado como un criminal, como el mas infame de los malhechores, fuí un dia conducido á una prision desde los brazos de la mujer que iba á ser mi esposa. En aquella prision, permanecí catorce años, siete de los cuales los pasé sin oir mas voz humana que la de mi carcelero, ni ver mas luz que la de la lámpara de noche de mi guardian. Vosotros los que no habeis sufrido, enterrados en vida en un calabozo, los que con las angustias del hambre y los dolores de la desesperacion no os habeis revolcado por las húmedas losas de una cárcel, vosotros no sabeis lo que es sufrir! Una noche, transcurridos ya siete años, percibí distintamente un ruido sordo. Era un preso que ayudado por ciertos instrumentos que él mismo se fabricara, taladraba mi pared. A los pocos dias cedió el muro de mi prision, y me hallé en los brazos de un ser humano y oí una voz distinta de la de mi carcelero. Aquel preso que un continuado trabajo habia unido conmigo, aquel preso se llamaba el abate Faria, y aquel abate era tenido por loco. Siete años mas permanecimos, comunicándonos por medio del camino que el infatigable abate habia abierto, siete años empleados en unir nuestros esfuerzos para taladrar una pared tras de la cual creíamos debia estar el mundo, el cielo, es decir, la libertad. Tocábamos ya el fin de nuestras fatigas, cuando la muerte sorprendió á mi compañero. Antes de morir, sin embargo, me reveló un secreto, me indicó un lugar en la isla de Monte-Cristo donde estaba enterrado un tesoro inmenso y murió bendiciendome y animándome para que de aquel tesoro me aprovechara si un dia lograba escaparme.

Max. Y escapasteis?

Monte-Cristo. Escapé, pero oid como. Cuando los carceleros encontraron muerto al abate, le metieron en un saco y le dejaron en su cama para volver luego por él y enterrarle. Una idea rápida como el relámpago cruzó entonces mi mente. —Pues que solo los muertos salen de aquí — me dije — quien me impide usurparle su lugar á un muerto? —En efecto, saqué de su saco al infeliz abate, ocupé yo su lugar, y esperé. No tardaron en venir los carceleros. Ahora bien, habeis de saber que el cementerio del castillo en que yo estaba encerrado es el mar.

Max. El mar!

Monte-Cristo. El mar, sí: Subieron á lo mas alto de la montaña llevándome el uno por los piés y el otro por la cabeza, ataronme una bala para que pudiera ir á fondo, y balanceándome en el aire me arrojaron al mar.

Max. Gran Dios!

Monte-Cristo. Afortunadamente yo tenia un cuchillo. Cuando estuve en el agua, rasgué el saco, corté la cuerda que sujetaba la bala y pude subir á la superficie y ponerme á nadar. Un buque me recojió exánime casi al siguiente dia.

Max. Y fuisteis á Monte-Cristo?

Monte-Cristo. Y encontré el tesoro. Rico ya, consagré mi vida á vengarme, y aquí me ha conducido por fin mi venganza.

Max. Aquí!

Monte-Cristo. Y ahora que ya conoceis parte del misterio de mi vida, solo os queda ser testigo de mi venganza, y os ofrezco que lo sereis, Maximiliano. Pero veo asomar por allí á mi mayordomo Bertuccio, y os suplico que nos dejeis solos. Tengo que hablarle. —Hasta mañana, Maximiliano.

Max. Hasta mañana, conde.

Y sigue la escena XIV.

ERRATA. En la lista de personajes ha sido olvidado BEAUCHAMP, *periodista*, encargado á D. Fernando Pinto.

Este drama es propiedad del editor de las JOYAS DEL TEATRO, quien perseguirá ante la ley al que lo reimprima ó represente sin su permiso en cualesquiera Teatros del reino, sociedades, liceos, etc., con arreglo á lo prevenido en las reales órdenes vigentes.

Printed in the USA
CPSIA information can be obtained
at www.ICGtesting.com
LVHW020319141023
761068LV00008B/55